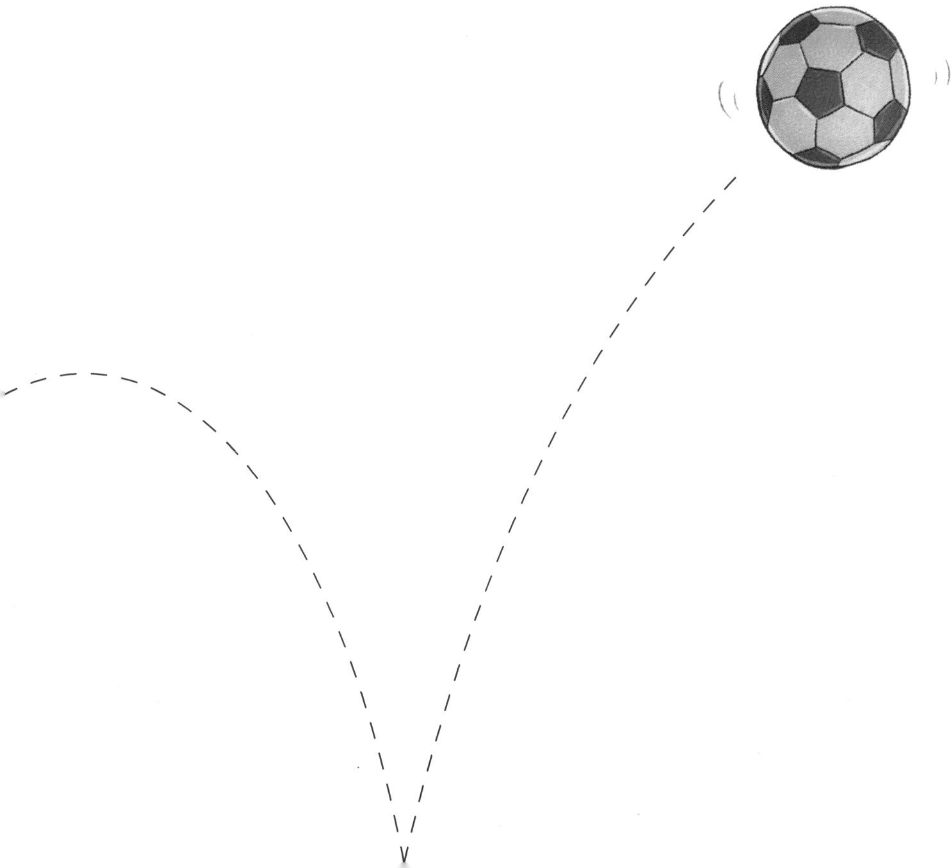

Hallo, hej und marhaba

Freundschaftsspiel mit Doppelpass

Birgit Hasselbusch ist Buchautorin, Moderatorin und Journalistin. Sie lebt in Hamburg. Schon von klein auf wollte sie unbedingt Sportreporterin werden. Ihren Traum hat sie sich schließlich erfüllt und arbeitete für Radio Plus Monte Carlo und Eurosport. Einmal versemmelte sie vor Aufregung ein Interview mit dem großen Pelé – seitdem weiß sie, dass man auch Promis am besten wie ganz normalen Menschen gegenübertritt.

Mehr über unsere Bücher, Autoren und Illustratoren auf: **www.planet-verlag.de**

Birgit Hasselbusch

HALLO, HEJ UND MARHABA

FREUNDSCHAFTSSPIEL MIT DOPPELPASS

Mit Illustrationen von Alexandra Helm

PLANET!

Für den plietschen K
und seinen smarten Pa!

1. Kapitel

Uhren ticken doch einfach nicht ganz richtig. Die sind total bekloppt, die Dinger. Sie schummeln nicht, drücken weder Auge noch Zeiger zu und gehen einfach immer richtig. Es sei denn, die Batterie ist mal leer. Unsere funktioniert leider auf die Sekunde genau. Um sieben Uhr morgens, zu einer unmöglichen Weckzeit, öffnet sich meine Zimmertür.

»Fred, deine Lehrerin Frau Petersen sitzt im Fußballtrikot und mit Lockenwicklern bei uns in der Küche. Sie hat ein pinkes Eichhörnchen dabei und will mit dir und dem Tier Samba tanzen!«, sagt meine Mutter todernst und streicht mir über den Kopf.

Mit einem Satz bin ich auf den Beinen und sprinte los. Das will ich sehen! Ein pinkes Eichhörnchen mit Lockenwicklern?! Was hat Mama da gerade gesagt?

Als ich in der Küche ankomme, sehe ich nicht pink, sondern rot. Da sitzt nur mein Vater im roten Schlafanzug, grinst frech und hält mir eine Scheibe Toast entgegen.

»Wo ist das Eichhörnchen?«, frage ich lahm und ahne schon, dass hier irgendwas nicht mit rechten Dingen zugeht.

»Gerade aus dem Fenster geflogen!«, sagt Mama, die mir gefolgt ist.

Ich runzle die Stirn.

»Und die Lehrerin mit den Lockenwicklern gleich hinterher«, erklärt Papa mit ernster Miene.

»Ihr habt doch 'nen Vogel!«, finde ich. Was denken die eigentlich, wen sie hier hopsnehmen wollen? Ich meine, ich bin acht Jahre alt und komme heute in die dritte Klasse. Mir kann man nicht mehr alles erzählen.

»Wir wollten doch nur, dass du aufstehst. Wie sonst hätten wir dich nach den langen Ferien so früh aus dem Bett kriegen sollen?«

»Dann hättest du gegrummelt und gemault und dir die Decke über den Kopf gezogen!«

»Ihr wollt mich dribbeln!«, antworte ich. Das Wort hat mir unser Nachbar beigebracht. Der ist schon vierzehn.

»Was ist das denn für ’n Ausdruck?« Mama schiebt mir ein Stück Toast in den Mund.

»Heißt, ihr wollt mich veralbern!«

»Wir? Niemaaaals!«, antwortet Papa und schiebt mir heimlich einen Keks zu. Er schnappt sich Mama und versucht mit ihr ein paar Samba-Schritte zu tanzen. Sieht eher nach Würstchen-Walzer aus.

Ich beiße in den Keks, trinke einen Schluck Orangensaft und halte das Glas vor meinen Mund, damit meine Eltern nicht sehen, dass ich lachen muss. Immerhin denken sie sich immer was Witziges aus, um mich bei Laune zu halten.

»So!«, sage ich. »Das gibt Rache!«

Ich stürze mich auf meinen Vater und kitzele seinen linken Fuß durch. Dabei flippt er immer aus. Hat er aber auch verdient.

»Hör sofort auf, du winziger Wichtel-Witzbold!«, ruft er. Meine Mutter gibt mir Zeichen, weiterzumachen.

»Okay, ich hör auf, du kurzatmige Knallkanone!«, gebe ich zurück und warte eine Sekunde. »Also, beim linken Fuß. Dafür nehme ich mir jetzt den rechten vor.«

Mein Vater japst nach Luft und ruft: »Fleischige Flitzpiepe!«

»Kohlrabikackender Kitzelkalli!«, schreie ich.

»Bitte, lass mich frei, Mango-mampfender Mulch!«, bettelt Papa und verspricht: »Ich dribbel dich auch nicht mehr aus!«

»Doch, das machst du. Ich lass deine Füße los. Die brauchst du nämlich noch. Aber dafür spielst du jetzt jeden Tag mit meinen Freunden und mir Fußball.«

Mama nickt und verwandelt meinen Pass, indem sie noch einen draufpackt: »Genau das machst du, Olaf! Und zwar in Lockenwicklern und im Trikot von Frau Petersen!«

Habe ich vorhin gesagt, dass Uhren nicht ganz richtig ticken? Das nehme ich zurück. Wenn einer nicht ganz richtig tickt, dann sind es eindeutig meine Eltern!

2. Kapitel

Vor mir wippt ein blonder Pferdeschwanz. Den Zopf habe ich noch nie gesehen. Timo, Noa und Len habe ich hingegen sofort erkannt. Sie schlurfen über den Schulhof zu den Klassenräumen und ächzen ein wenig, als hätten ihre Eltern zehn Kilo Ziegelsteine in ihre Schulranzen gepackt.

»Wer bin ich? Hände hoch. Nicht umdrehen.« Eine Stimme, die möglichst tief klingen soll, zischt mir ins Ohr und irgendjemand hält mir die Augen zu.

»Mann, Luca, lass den Mist«, antworte ich lachend und versuche, mich aus der Umklammerung zu lösen. Dabei stolpere ich und falle ungebremst auf den blonden Pferdeschwanz. Auch meine Mutter kann mich nicht mehr rechtzeitig festhalten.

»Huch! Hilfe, aaaargh!«, haspele ich, als die Pferdeschwanz-Trägerin und ich auf dem Steinboden vor der Aula landen.

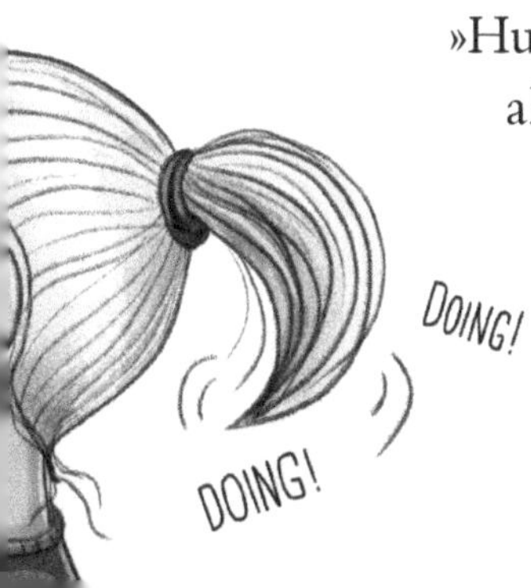

Das blonde Mädchen, das ich auch von vorne noch nie zuvor gesehen habe, hat sich das Knie aufgestoßen. Es blutet sogar ein wenig. Außerdem ist ihr Blumenkleid ein bisschen dreckig geworden.

»Entschuldigung«, murmele ich.

Ich schaue ängstlich zwischen meiner Mutter und dem Mädchen hin und her. Hoffentlich gibt es nicht ein Donnerwetter, und ich verscherze es mir gleich am ersten Tag mit der Neuen. Möglicherweise ist sie stinksauer auf mich wegen Blut am Knie und Loch im Kleid.

Nichts dergleichen.

»Manis!«, sagt sie, klopft sich den Dreck vom Kleid, beachtet das aufgeschürfte Knie gar nicht und lächelt mich an.

Ich habe keine Ahnung, wer oder was »Manis« bedeutet, vielleicht ist das ihr Name. Aber egal wie sie heißt, ich finde sie super. Sie ist ganz schön tough.

»Passt mal ein bisschen auf, ihr beiden Witzbolde!«, ermahnt Mama Luca und mich.

»War nur Spaß!«, sagt Luca und grinst. Der hat aber auch schon mal alle Muffins aufgegessen, die eigentlich für die Klasse bestimmt waren, und sich bei einem Ausflug so lange hinter einem Auto versteckt, bis Frau

Petersen fast die Polizei gerufen hätte. Auch damals meinte er: »War nur Spaß!«

Aus Spaß mussten seine Eltern eine Stunde lang beim Schulleiter sitzen.

»Alles o. k., sie werden sich bestimmt gut verstehen!«, meint die Mutter des Mädchens mit dem blonden Pferdeschwanz. Sie redet ganz witzig. Das »st« in den Worten »bestimmt« und »verstehen« spricht sie nicht mit »sch« aus, sondern eher wie in »ist«.

Mein Uropa hat auch so gesprochen, ein echter Hamburger. Angeblich haben das früher alle hier in der Stadt getan. »Übern s-pitzen S-tein s-tolpern« nennt man das offenbar.

Das Mädchen ist eher über mich ges-tolpert.

»Mein Sohn ist manchmal etwas stürmisch!«, erklärt Mama entschuldigend.

»Manis!«, sagt jetzt auch die Mutter.

»Nee, ich heiße Fred«, gebe ich zurück. »Wir heißen hier doch nicht alle Manis.« Meine Mutter stößt mich leicht in die Seite.

»Sie sagt, ›macht nichts‹!«, flüstert sie mir zu.

»Ach so!«, antworte ich. Jetzt kapier ich das erst. Sie spricht es so witzig aus.

Die Mutter sieht genauso nett aus wie ihre Tochter, aber aus Hamburg kommen die, glaube ich, nicht. Bestimmt von viel weiter weg. Vielleicht aus Berlin oder München.

»Wir sind aus Schweden!«, erklärt die Mutter. »Das ist Ebba«, sagt sie und zeigt auf ihre Tochter.

Die sagt fröhlich »Hej!«.

»Hi!«, antwortet der schlimmste Schubser unserer Klasse. »Ich bin Luca. Wollen wir nachher zusammen auf dem Schulhof Fangen spielen?«

Ebba macht große Augen und hat ein riesiges »Hä?!« auf der Stirn prangen.

»Sie kann noch nicht so gut Deutsch.« Ebbas Mutter zuckt leicht mit den Achseln.

Ich grinse das Mädchen mit dem blonden Pferdeschwanz schief an und sage: »Manis!«

3. Kapitel

Mein Wunsch wurde erhört. Also nicht der, dass ich unbedingt mal Fußball-Weltmeister werden möchte, sondern dass Ebba in meine Klasse kommt. Tut sie. Sie steht vorne neben Frau Petersen, genau wie ein anderer Junge, den ich noch nicht kenne.

»Hallo, meine Lieben. Ich sehe, ihr seid alle gut aus der Sommerpause zurückgekommen. Wir haben zwei neue Spieler fürs Klassenteam verpflichten können.«

Unsere Lehrerin lächelt uns an. Ich mag sie. Allein schon, weil sie Fußball auch toll findet. Und uns eine Freude macht, indem sie immer Fußball-Fachbegriffe in ihre Sätze einbaut. Ich weiß nicht, wie viele das überhaupt bemerken. Trotzdem ist sie nicht, wie von Mama und Papa heute Morgen behauptet, mit Lockenwicklern und im Trikot zur Schule gegangen. Besser ist das. Frau Petersen ist nämlich Bayern-München-Fan. Das ist für einen Hamburger schwer zu ertragen. Aber die Münchner, sagt Papa immer, können genauso wenig fassen, dass man im Norden den HSV, FC St. Pauli, Holstein Kiel oder Werder Bremen gut findet.

»Das sind Ebba und Halim!«, stellt Frau Petersen die beiden neuen Kinder vor. »Lasst sie uns mal gebührend begrüßen.«

Frau Petersen tut so, als wären wir ein Fußballstadion und lässt uns alle »La Ola« machen, die Welle, die bei Spielen durch die Zuschauer »schwappt«.

»Dahinten in der Ecke geht's los!«, ruft sie und reißt ihre Arme hoch. Wir machen alle mit und rufen »Huuuuu«. Cooler Schulstart. Ebba lacht laut. Der Junge neben ihr sieht uns nur erstaunt an.

»Neben wem können die zwei denn sitzen?«, will unsere Lehrerin wissen.

Zehn Hände schnellen in die Höhe.

Na klar habe ich Luca versprochen, dass er wieder mein Sitznachbar sein kann, schließlich sind wir Freunde. Aber irgendwie würde ich noch ein kleines bisschen lieber neben Ebba sitzen. Keine Ahnung, ob sie nach der Geschichte mit dem Knie vorhin darauf überhaupt noch Lust hätte. Auch ich hebe meine Hand, obwohl ich weiß, dass meine Chancen eher schlecht stehen. An Lucas Stelle wäre ich jetzt ein wenig sauer auf mich. Schwer zu sagen, ob er es überhaupt merkt, ist aber eh egal, denn Luca klebt wie ein eingetrockneter Kaugummi an seinem Sitz.

»Ebba, du gehst nach hinten zu Marie!«

Frau Petersen deutet auf einen Platz schräg hinter mir. Um sie sehen zu können, muss ich meinen Hals verrenken, oder mit dem Stuhl so weit nach hinten kippeln, dass ich fast umfalle. Das hat Luca schon ein paar Mal gemacht. Einmal musste sogar der Notarzt kommen, weil Luca sich dabei den Arm verstaucht hat. Seitdem ist das Kippeln mit dem Stuhl bei Höchststrafe verboten: Klassenarrest in der Pause, nachsitzen, fegen, Stifte nach Farben sortieren. Luca hat sie dann nach Geschmack sortiert.

»Halim, du kannst dich neben Tom setzen!« Frau Petersen schiebt den Jungen sanft in Richtung zweiter Reihe. Halim zuckt zusammen, nimmt aber seine Tasche und geht wortlos an seinen Platz.

»Der ist irgendwie komisch!«, flüstert mir Luca zu. Allerdings so laut, dass es auch mein Opa gehört hätte – und der ist schwerhörig.

»Psst, hör auf!«, sage ich und schiebe gleichzeitig Lucas Stuhl zurück auf alle viere, weil der natürlich schon wieder rumzappelt.

Keine Ahnung, was Luca später mal beruflich machen will, ein Bürojob, bei dem man die ganze Zeit am Computer hockt, kann es nicht sein. Dafür ist er viel zu hibbelig.

»Zappelphilipp!«, hat Mama ihn mal genannt.

»Er heißt Luca«, habe ich damals empört zurückgegeben, weil ich gar nicht wusste, dass es so einen Begriff gibt.

»Okay«, meinte Mama. »Dann nennen wir ihn eben Zappel-Luca!«

»Was habt ihr denn so in den Ferien gemacht?«, fragt Frau Petersen in diesem Moment.

»Wir waren in Dänemark!«, erzähle ich. »Das war ganz schön. Ich habe viele Pölser-Würstchen gegessen und bin durch hohe Wellen getaucht.«

»Ich kann jetzt einen Handstandüberschlag im Sand«, berichtet Nina stolz.

»Bei uns gab es eine riesige Wasserrutsche, mindestens hundert Kilometer lang«, ruft jemand.

»Ich war zwei Wochen an der Ostsee«, erzählt Frau Petersen. »Aber das hat nicht gereicht, um mich von euch zu erholen!« Übertrieben theatralisch rollt sie mit den Augen, lacht dann aber. »Dafür bräuchte ich mindestens zehn Jahre. Aber dann wärt ihr ja schon längst erwachsen.« Wir wissen, dass sie nur Spaß macht. »Vielleicht habe ich euch sogar ein kleines bisschen vermisst!«, meint sie nun.

»Ich dich nicht!«, ruft Luca zurück. »Also, deine Matheaufgaben habe ich nicht vermisst!«

Frau Petersen schmunzelt.

»Musstest du gar nichts rechnen in den Ferien? Hast du gar kein Geld ausgegeben, oder so?«, will sie wissen.

»Nö!«, sagt Luca selbstbewusst. »Im Urlaub muss ich doch nicht rechnen! Ich habe mir auf Mallorca jeden Tag vier Kugeln Eis gekauft, fünf Euro gegeben und bin wieder zurück an den Strand! War super lecker.«

Ich schaue Luca von der Seite an, auf meiner Stirn bildet sich eine steile Denkerfalte. So nennt Mama das immer, wenn ich überlege.

»Und wie viel hat eine Kugel gekostet?«, fragt Frau Petersen.

»Na, einen Euro zehn«, erwidert Luca.

»Dann hast du den Eismann aber ganz schön reich gemacht«, wirft unsere Lehrerin ein.

»Wieso?«, fragt Luca. Er kapiert es nicht.

»Das Eis hätte ja eigentlich nur vier Euro vierzig gekostet«, erklärt unser Superstreber Simon.

»Quatsch! Vier mal ein Euro sind vier Euro, plus zehn, macht fünf, weil die null ja nicht ›gildet‹«, erklärt Luca komplett unlogisch und grammatikalisch falsch, bekommt dabei aber einen ganz merkwürdigen Gesichtsausdruck.

»Bist du sicher?«, will Frau Petersen wissen.

»Hmm, der Mann hat mir immer was hinterhergerufen, ich dachte aber, das heißt, dass ich es mir schmecken lassen soll.«

Ich grinse ein bisschen, weil das schon wieder typisch Luca ist. Ich frage mich, ob Ebba kapiert, über was wir hier reden. Sie kann auf jeden Fall besser Deutsch als Luca Mathe.

»Haben denn deine Eltern nie was gesagt?«, frage ich flüsternd.

»Doch«, murmelt er zurück. »Dass ich den Rest behalten darf. Und ich dachte immer, das wäre ein Witz.«

Er kratzt sich an der Stirn, guckt ein wenig bedröppelt und fängt vor Nervosität an zu kippeln.

»Wird Zeit, dass wir wieder mit dem Matheunterricht anfangen.«

Frau Petersen schreibt ein paar Zahlen an die Tafel, dazu malt sie eine Eisbude und eine Waffel. Mithilfe von Simon haben wir zum Ende der ersten Stunde ausgerechnet, wie viel das Eis über die gesamten drei Wochen eigentlich gekostet hätte.

Zappel-Luca wird ganz bleich.

»Wie viel Geld hat Luca also zu viel ausgegeben?«, fragt Frau Petersen.

Als Marie begeistert »Zwölf Euro sechzig« ruft, kracht ein kippelnder, entsetzter Junge auf seinem Stuhl kopfüber nach hinten.

4. Kapitel

Luca hat in der Pause die Sache mit dem Geld immer noch nicht verkraftet.

»Wisst ihr, was ich davon alles hätte kaufen können?!«, ruft er zum hundertsten Mal.

»Du hättest mir ein Fußballtrikot aus Mallorca mitbringen können«, necke ich ihn und beiße in mein Schinkenbrot.

Wir stehen in einer Ecke des Schulhofs. Marie und Nina malen mit Kreide Kästchen für ein Hüpfspiel auf den Boden. Himmel und Hölle. Sie fragen Ebba, ob sie mitspielen möchte.

»Ja!« Sie freut sich, dass sie dabei sein kann.

Ich schaue unauffällig zu den hüpfenden Mädchen rüber. Nicht, dass ich mich dafür besonders interessieren würde, aber wir haben uns alle lange nicht gesehen, da kann man ja mal gucken.

Simon erklärt Luca unterdessen mit Händen und Füßen, wieso er falsch gerechnet hat. Luca kapiert gar nix. Um das besser verdauen zu können, beißt er in einen Müsliriegel.

»Kannst du gut rechnen?«, fragt Simon Halim. Der steht ein paar Meter von uns entfernt und antwortet nicht.

»Er hat keine Lust, mit dir zu sprechen!«, meint Luca. »Wer will schon mit so 'nem Schlauschnacker reden.«

In Wahrheit ist Luca sogar ein bisschen neidisch auf Simon, weil der in der Schule immer alles versteht und viel schneller als alle anderen mit den Aufgaben fertig ist.

Ich denke, dass Halim uns nicht versteht. Schade. Ich glaube, er ist ganz nett, aber total schüchtern.

»Willst du mal abbeißen?« Ich halte Halim die andere Hälfte meines Brotes hin. Er senkt den Kopf.

»Du kannst ihm keinen Schinken anbieten, den isst er nicht!«, erklärt Simon wichtigtuerisch. »Da, wo er herkommt, essen sie keinen Schinken.« Im Grunde klingt er selbst wie ein Lehrer.

»Wieso nicht?«, fragt Luca. Frau Petersen steht als Pausenaufsicht in der Nähe und hat mitgehört.

»Das stimmt«, erklärt sie. »Ich habe mit Halims Eltern gesprochen. Sie meinten, dass sie Muslime sind. Sie essen kein Schweinefleisch.«

»Siehste!«, ruft Simon. »Das steht im Koran.«

Wenn ich genauer drüber nachdenke, wird Simon sogar später Professor oder Bundeskanzler. Bei dem, was der alles auf dem Kasten hat … Ich habe das auch schon mal irgendwo gehört, habe es aber wieder vergessen.

»Weil Schweine keine Wiederkäuer sind, also auch andere Tiere essen. Schweine gelten deswegen als unrein.«

Hoffentlich kriegen Mama und Papa nicht mit, was Simon alles weiß, sonst muss ich auch mehr lernen.

Aus dem Augenwinkel sehe ich, dass Ebba gerade durch die »Himmel und Hölle«-Kästchen hüpft. Sie schlägt sich ganz gut.

»Eigentlich könntest du schon Abitur machen«, meint Luca und futtert den Müsliriegel mit einem großen Happs auf. »Du weißt mehr als meine große Schwester.«

»Habe ich gelesen.« Simon zuckt mit den Schultern.

Simon ist im Grunde als Typ gar nicht so blöd. Er gibt nur eben immer mit allem an, was er kann. Ich würde aber drauf wetten, dass ich ein bisschen besser im Fußball bin.

»Möchtest du ein Stück Apfel?«, frage ich Halim, der weiterhin nur auf den Fußboden glotzt. Er hat gar nichts zu essen mit. Trotzdem nimmt er den Apfel nicht.

»Nein?«, frage ich.

Halim schüttelt den Kopf

»Okay!«, sage ich und will gerade in das Obst beißen.

»Darf ich?«, fragt plötzlich eine andere Stimme.

Neben mir steht Ebba mit roten Wangen.

»Klar!«, antworte ich und halte ihr meine Brotdose hin. Sie greift zu und nimmt sich ein Apfelstück. Scheint ihr zu schmecken.

»Tack så mycket!«, sagt sie lachend.

Habe ich das richtig verstanden, hat sie gerade »Taxe Mücke« gesagt?

»Wo sind Mücken im Taxi?«, fragt Luca und bricht in schallendes Lachen aus. Er berichtet nicht ohne Stolz, dass er im Urlaub 32 Mückenstiche abbekommen hat. Zum Beweis schiebt er ein Hosenbein hoch.

»Ach sooo!«, sage ich und hebe den rechten Zeigefinger. »Die haben das ganze Blut aus dir rausgesaugt, auch aus deinem Kopf, deswegen konntest du nicht mehr so gut rechnen.«

»Genau!« Luca lacht, weil ihm die Erklärung gefällt. »Das erzähle ich meinen Eltern, wenn sie fragen, wo das restliche Geld abgeblieben ist, äh, wie viel war das noch mal?«

»Zwölf Euro sechzig«, ruft Simon wie aus der Pistole geschossen.

»Was ich damit alles hätte anstellen können.«

Für Halim muss es doof sein, weil er offenbar kein

Wort von dem versteht, was wir sagen. Dabei ist das mit dem Eisgeld und den Mücken echt witzig. Ich finde es toll, wieder in der Schule zu sein.

»Tacksemückä?!«, fällt mir Ebbas Erwiderung wieder ein, und ich schaue sie fragend an.

Sie lacht, greift sich noch ein Apfelstück aus der Box und wiederholt die Worte. »Heißt dankesssön!«

Ich bedanke mich beim lieben Gott oder bei allen Elchen in Schweden oder bei wem auch immer, dass Ebba in unsere Klasse gekommen ist. Außerdem werde ich Mama morgen fragen, ob sie für mein Pausenfrühstück nicht vielleicht noch einen Apfel mehr schneiden könnte.

5. Kapitel

Meine Mutter traut ihren Augen kaum. »Ein Wunder ist geschehen. Muss ich mir Sorgen machen?« Sie fasst es nicht, dass in der Brotdose kein einziges Apfelstück mehr liegt. Im vergangenen Jahr musste sie ein paar Mal nach Schulschluss mit rollenden Augen meine matschigen Apfel- und Paprikastückchen aufessen.

»Ich bin jetzt eben Drittklässler, da wird man vernünftiger.«

»Aha!«, sagt Mama nur. Sie traut dem Frieden offenbar nicht ganz.

Wir sitzen am Abendbrottisch und essen Suppe mit Buchstabennudeln.

»Wie war denn dein erster Tag?« Papa löffelt die Suppe und verzieht ein wenig den Mund, ohne dass Mama es sehen kann. Ich grinse. Schmeckt ein bisschen langweilig, aber bloß nicht sagen, sonst hält sie wieder einen Vortrag, dass wir ja auch selbst kochen können und sie nicht unsere Dienerin sei. Und dass sie in ihrem Job als Personalreferentin schon genug mit motzenden, unzufriedenen Leuten zu tun habe. Sie ist eben erst nach Hause gekommen, konnte also gar kein großes Drei-Gänge-Menü kochen.

»Sehr gut. Wir haben zwei Neue. Ebba und Halim.«

Papa steht auf, geht in die Küche und schmiert sich ein Butterbrot. Mama verdreht die Augen und tut sich betont gut gelaunt noch eine Kelle Suppe auf.

»Super, sind die nett?«

»Ja, schon!«, gebe ich zurück und starre meinen Teller an. Nicht dass Mama und Papa bemerken, dass ich rot angelaufen bin.

»Ebba ist aus Schweden«, erzählt Mama. »Der Vater hat hier einen Job bei einer Bank bekommen. Hat mir ihre Mutter Frida erzählt.«

»Sie kann ziemlich schnell laufen und hüpfen«, erkläre ich.

»Cool! Klingt gut!«, findet Papa. »Noch jemand 'ne Stulle?«

»Nein, Olaf, danke, wir essen sehr gerne Suppe«, gibt Mama zurück.

Ich traue mich nicht, nach einem Fleischwurstbrot zu fragen. Mama kann echt fuchsteufelswild werden. Hält immer nur kurz an, »kann aber keiner gebrauchen«, findet Papa.

»Fred hat schon Bekanntschaft mit Ebbas Knie gemacht.« Mama erzählt von dem Zusammenstoß am

Morgen. Papa schmunzelt und streckt mir den gehobenen Daumen entgegen.

»Gute Taktik! Und der neue Junge?«

»Ich glaube, er versteht gar nichts von dem, was wir sagen. Er isst kein Schweinefleisch, und in der Pause stand er ein paar Meter von uns entfernt und sah irgendwie traurig aus.«

Papa grübelt, während er sein Brot mümmelt.

»War Frau Petersen wenigstens im Trikot und mit Eichhörnchen da?«

»Nee, das Eichhörnchen hatte Grippe und konnte deswegen nicht mit«, erkläre ich todernst. Ich weiß, dass Papa es witzig findet, wenn ich so einen Quatsch erzähle.

»Oh nein, das arme Eichhörnchen!« Er schnieft.

»Ja, dem muss wohl gleich noch Fieber gemessen werden!«

»Dann ist es also ein Gleichhörnchen?«, fragt Papa.

Mama prustet los und muss aufpassen, ihre Suppe nicht auszuspucken.

»Ja, es wollte aber danach auch noch schwimmen gehen!«, spinne ich weiter.

»Oha!«, meint Papa. »Dann wäre es ja ein …«

»Teichhörnchen!«, ruft Mama und verschluckt sich vor Lachen.

»Sag mal, Susanne.« Papa muss auch lachen. »Du spuckst ja die ganzen labberigen Nudeln aus.«

»Na klar!«, schreie ich begeistert. »Weil Mama ein Weichhörnchen ist!«

»Und wenn es ganz viel Geld hätte und Öl und weiße Kleidung?«, fragt meine Mutter, die wie gesagt nicht lange ernst bleiben kann. Papa weiß die Antwort.

»Dann wäre es ein Scheichhörnchen.«

»Oder ein Reichhörnchen!«, packe ich noch obendrauf.

Meine Eltern feiern mich als Wortwitzgewinner des Abends. Zur Belohnung darf ich die Suppe stehen lassen und uns Schokopudding aus dem Kühlschrank holen.

»Glaubst du, Halim spielt gerne Fußball?«, fragt Papa und löffelt gierig den Pudding.

»Keine Ahnung, aber bestimmt.«

»Du hast doch eh heute Morgen versprochen, dass du jeden Tag mit den Kindern Fußball spielen wirst«, erinnert ihn Mama an das Kitzel-Gespräch.

»Vielleicht nicht jeden Tag«, meint Papa. »Aber einmal in der Woche könnte ich nach Unterrichtsende kommen und wir spielen auf dem Schulhof. Da sind doch Tore, oder?«

Ich nicke heftig.

»Soll ich mal mit dem Schulleiter reden?«

»Ja, bitte!«

»Wie viele würden da wohl mitspielen? Vielleicht wäre das auch was für Halim?« Mein Vater stellt gedanklich schon eine Mannschaft zusammen.

»Das wäre toll. Dann guckt er hoffentlich nicht mehr so traurig. Dürfen auch Mädchen mitmachen?«, frage ich und tue so, als würde mich die Antwort gar nicht richtig interessieren.

»Ja klar!« Papa weiß, glaube ich, nicht sofort, auf was ich hinauswill. Mama hingegen schon.

»Na ja«, meint sie vieldeutig, »wer nicht gleich weint, wenn man sich das Knie aufschlägt, spielt bestimmt auch gerne Fußball.« Als ich später im Bett liege, nehme ich mein Lieblingskuscheltier in den Arm, falte dabei ein bisschen ungelenk die Hände und flüstere irgendwo ins Dunkle: »Taxe Mücke!«

6. Kapitel

Frau Petersen hat uns etwas mitzuteilen. Ich rutsche nervös auf meinem Stuhl hin und her. Sehr aufgeregt, weil ich schon weiß, worum es geht. Schließlich hat mein Vater den Stein ins Rollen gebracht. Oder besser gesagt, den Ball. Hoffentlich denken sie nicht, dass ich ein Papa-Söhnchen bin, der nur von seinem eigenen Vater trainiert wird.

»Freds Vater will mit euch in die Verlängerung gehen«, beginnt unsere Lehrerin und hält einen Ball in die Luft. Ich könnte mich kringeln, weil sie einfach alles, was sie sagt, in Fußballersprache packt. Als ich neulich mal ausnahmsweise eine Matheaufgabe schneller als Simon gelöst habe, hat Frau Petersen mich gelobt: »1:0 für dich.«

»Das heißt, dass er einmal pro Woche nach Schulschluss mit denjenigen von euch, die Lust haben, Fußball spielen möchte. Er hat da ein paar gute Tricks auf Lager.«

»Eeecht?« Luca springt von seinem Stuhl auf und brüllt in meine Richtung. »Dein Papa ist Nationalspieler? Warum hast du das nie gesagt?«

Hä?, denke ich. Wie kommt er denn jetzt da drauf? Das hat doch kein Mensch behauptet. Luca versteht immer nur das, was er hören will. Sagt man »Hausaufgaben«, versteht er »Hackfleischbraten«.

Frau Petersen dreht sich zur Tafel und schreibt mit Kreide Lucas Namen auf.

»Also, unser erster Weltmeister wäre schon mal dabei.« Sie zwinkert mir zu.

Ich kläre das mit dem Nationalspieler lieber nicht auf, wer weiß, vielleicht finden die anderen mich dann irgendwie cooler.

»Es gibt auch noch einen Zettel für eure Eltern von der Schulleitung. Die hat das erlaubt. Eure Eltern müssten nur noch unterschreiben. Maja, verteilst du sie bitte?«

Maja steht stöhnend auf und schnappt sich den Stapel mit den Elternbriefen.

»Ich mach da aber nicht mit«, ruft sie sofort.

Muss sie ja nicht. Das hätte ich auch gar nicht erwartet. Im Sportunterricht guckt sie immer genervt, wenn sie den Ball mal etwas doller abbekommt. Außerdem denkt sie auch, dass das Spielfeld eine Art Laufsteg ist. Sie nennt es immer Catwalk. Dabei hat sie gar keine Katze, glaube ich.

Lustlos legt Maja die Zettel auf die Tische. Als sie bei Halim ankommt, gerät er leicht in Panik und duckt sich unter den Tisch.

»Halim, alles in Ordnung?« Frau Petersen sieht besorgt zu unserem neuen Mitschüler. Er zittert ein wenig und fasst sich an den Bauch. Unsere Lehrerin muss laut sprechen, weil in dem Moment ein Flugzeug über das Gebäude fliegt. Die Schule liegt nicht weit vom Hamburger Flughafen entfernt. An den gelegentlichen Krach habe ich mich schon gewöhnt.

Ob sich Halim jetzt wegen der Laustärke versteckt oder weil er Angst vor Maja hat, kann ich nicht sagen. Ich könnte es allerdings verstehen, wenn es an Maja liegt.

»Vor der würde ich mich auch erschrecken«, ruft Luca und lacht sich über Halim kaputt, der immer noch unter dem Tisch hockt. Die anderen kichern jetzt auch, was ich fies finde. Meinem Papa gegenüber ist es unfair, immerhin hat er sich das mit dem Fußball ausgedacht. Und vor allem für Halim ist es blöd. Ich möchte nicht, dass er so eingeschüchtert ist, dass er nie mit uns reden wird, wenn wir uns jetzt alle total gemein über ihn lustig machen.

Schnell schnappe ich mir etwas aus meiner Federtasche und rutsche auf dem Boden unter Halims Tisch. Er sieht mich verängstigt an.

»Guck, hier ist es doch!« Ich halte ein Radiergummi

hoch, tue so, als wenn Halim das gerade runtergefallen wäre und er deswegen unter dem Tisch sitzt.

Behutsam ziehe ich ihn zurück auf seinen Stuhl. Er sträubt sich ein wenig, lässt es dann aber geschehen. Ich meine, ein ganz zaghaftes Lächeln auf seinen Lippen auszumachen.

Frau Petersen kann ungestört weiterreden, das Flugzeug ist nämlich nicht mehr zu hören. Und Maja hat sich auch wieder hingesetzt. Das Erste, was sie macht, ist eine Bürste aus ihrem Schulranzen zu holen und sich damit durch die dunkelbraunen Haare zu fahren.

Ebba blickt mich mit großen Augen an und zieht an ihrem Zopf. Den hat sie mit einem blauen Gummiband zusammengebunden. Von frisierten Löckchen kann keine Rede sein. Ich finde es so aber auch viel besser.

»Kannst du Fußball spielen?«, frage ich Ebba. Ich bin einfach nach vorne gegangen und fange den Ball, den Frau Petersen mir zuwirft.

»Handspiel!«, sage ich und freue mich, dass meine Lehrerin sofort über die Bemerkung lacht. Wir haben echt Glück mit ihr.

Ebba nickt begeistert. Keine Ahnung, ob sie wirklich spielen kann, ist auch egal, Papa bringt es uns ja bei.

»Ebba«, notiert Frau Petersen an der Tafel.

»Simon, bist du auch dabei?«

Er zögert, womit sich meine Vermutung bekräftigt, dass das vielleicht das Einzige sein könnte, was er nicht so gut kann.

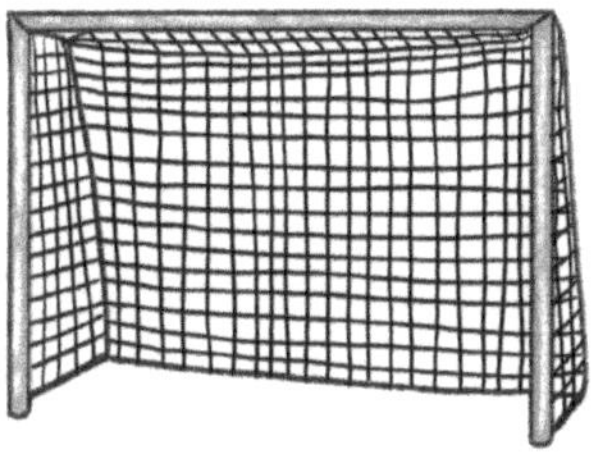

»Die anderen brauchen dich, um die Tore zu zählen«, ermuntert ihn Frau Petersen.

»Na gut, stimmt.«

Vier weitere Finger schnellen in die Luft. Timo, Noa, Len und Anna machen auch mit.

»Super«, findet unsere Klassentrainerin, äh, Klassenlehrerin. »Lasst eure Eltern unterschreiben, dann kann es nächste Woche losgehen. Freds Papa richtet auch eine WhatsApp-Gruppe für die Eltern ein.«

Ein Name fehlt jedoch an der Tafel. Papa hat mit mir noch länger über Halim gesprochen. Dass er es in seinem Heimatland Syrien wahrscheinlich nicht so leicht hatte, wie wir hier. Dass er mit seiner Familie geflüchtet ist, weil seine Eltern zu Hause bedroht wurden.

In Syrien zu bleiben wäre sehr gefährlich gewesen, die Flucht war aber gewiss auch sehr anstrengend. Papa meint, dass es ihm deshalb vermutlich schwerfällt, sich einzugewöhnen, weil er schon so viel Schlimmes erlebt hat. Und dass es doch toll wäre,

wenn ich mich etwas um ihn kümmern könnte. Das klingt sehr heftig.

»Möchtest du auch, Halim?« Als ich seinen Namen ausspreche, horcht er auf. Er ist sich wohl noch unsicher, hat vielleicht auch nicht alles verstanden.

»Fußball!«, sage ich langsam und halte den Ball hoch. Seine dunklen Augen leuchten ein wenig. Glaube ich zumindest. Oder hoffe ich. »Möchtest du spielen?«

Frau Petersen nickt mir lächelnd zu und ich hole einen Zettel heraus, den ich mit Papa gestern Abend vorbereitet habe. Wir haben mithilfe eines Online-Programms den Text für Halims Eltern ins Arabische übersetzt.

Halim starrt auf das Papier und sieht mich wieder an. Interessiert. Möglicherweise kann er nicht alles lesen, aber die Schriftzeichen hat er bestimmt erkannt. Und dass »luebat kurat alqadam« auf Arabisch »Fußballspiel« heißt, weiß er bestimmt.

»Zeig es deinen Eltern!« Ich deute auf den Zettel.

»Ja, mach mit!«, mischt sich Luca ein. »Freds Vater ist Nationalspieler. Total cool!«

Frau Petersen und ich lachen. Um abzulenken, lege ich den Ball auf den Boden, rufe laut Halims Namen und kicke ihn in seine Richtung.

Unser neuer Mitschüler, der in der vergangenen Woche oft wie festgewurzelt auf seinem Stuhl saß und kein Wort gesprochen hat, dreht sich leicht um und stoppt den Ball mit seinem rechten Fuß.

7. Kapitel

»Ball?« Halim spricht das erste deutsche Wort und reicht mir am kommenden Montag den Fußballzettel. Seine Eltern haben unterschrieben. Er darf mitmachen.

»Komm mit!«, antworte ich und winke ihm zu, mir zu folgen. Auch Ebba und die anderen Kinder für den »Schuhofu« stehen bereit. Schuhofu steht für Schulhoffußball.

Frau Petersen bringt uns zu dem kleinen Feld, wo mein Papa schon wartet. Ich freue mich wie Bolle, weil mein Vater diese tolle Aufgabe übernommen hat und alle Fußballbegeisterten seit ein paar Tagen nur von ihm sprechen. Und mich mit tausend Fragen löchern. Ich habe ihnen geraten, ihn selbst zu fragen.

Papa steht an der Bank unter der Eiche und trägt zu allem Überfluss ein Deutschland-Trikot. Mein Magen grummelt ein wenig, weil ich befürchte, dass wir aus der Nummer mit dem Nationalspieler nicht mehr so schnell rauskommen. Noch bevor Papa »hallo« sagen kann, wird er mit Fragen überschüttet.

»Bist du echt Weltmeister?«, will Anna wissen.

»Wie viele Länderspieltore hast du schon geschossen?«

»Ist Jogi Löw nett?«

Papa ist sehr erstaunt und schaut zu mir.

»Ich kann nichts dafür«, flüstere ich ihm zu. »Luca hat das behauptet.«

»Ach so!« Papa versteht und scheint sich königlich zu amüsieren.

»Stimmt es …«, schießt Luca noch eine Frage hinterher, »… dass du das entscheidende Tor im WM-Finale 1954 gemacht hast?«

Jetzt lachen Papa und Frau Petersen lauthals los.

»Oh Gott, hört auf mit der Fragerei, wenn ihr nicht wollt, dass Freds Vater sofort wieder geht.«

»Wieso das denn? Sag doch mal«, bleibt Luca am Ball.

»Weißt du, wie alt Herr Jansen wäre«, mischt sich Simon ein, »wenn er 1954 Weltmeister geworden wäre?« Mit dieser Frage hat doch wieder jemand sofort die Chance gewittert, sein Mathe-Wissen auszupacken.

»Ihr müsst mich nicht siezen«, wirft Papa kurz ein. »Ihr könnt mich Olaf nennen. Auch wenn ich offenbar schon steinalt bin.«

»Keine Ahnung.« Luca zuckt die Achseln. »Wie alt denn?«

»Dann wäre er mindestens 85!«, hat Simon schnell ausgerechnet.

»Oh«, bringt Luca raus.

»Wenn ich schon so alt wäre, dann müsste ich mich ja nach jedem Pass erst mal zehn Stunden ausruhen!«, erklärt Papa. »Was glaubt ihr denn, wie alt ich bin?«

Mama hätte diese Frage nie gestellt. Sie ist von ein paar kleinen Kindern mal auf 65 geschätzt worden. Danach hat sie den ganzen Abend geweint und ist am nächsten Tag sofort zum Friseur gerannt.

Ich flüstere Ebba etwas zu und sie ruft laut »Fiasich!«

Es klingt wie Pfirsich und schon lachen wir alle. Ich versuche, Ebba und Halim zu erklären, was daran so witzig ist, und beiße demonstrativ in eine imaginäre Frucht.

»Er ist vierzig!«, löse ich das Rätsel auf.

Ebba strahlt.

»Hast du Apfel?«, fragt sie aufgeregt. Ich gehe zu meinem Schulranzen und reiche ihr ein Stück, auch wenn es darum gar nicht ging. Ich werde Mama fragen, ob wir demnächst mal ins Alte Land fahren und einen ganzen Apfelbaum leer ernten können. Damit könnte ich bestimmt ganz schön Eindruck machen.

»Wenn das so weitergeht, habt ihr bis Weihnachten noch kein Tor geschossen«, vermeldet Frau Petersen. Sie bedankt sich bei meinem Vater und verspricht, dass sie irgendwann auch mal mitspielt. »Zur Not im Tor.« Dann geht sie winkend und es wird ernst, denn Papa bläst in seine Trillerpfeife. Wir gruppieren uns in einem Halbkreis um ihn herum. Am liebsten würde ich kurz seine Hand nehmen, aber das wäre peinlich.

»So, Freunde, jetzt geht's los. Am wichtigsten ist, dass wir alle viel Spaß haben. Hier gibt's keine Noten. Ich möchte, dass ihr zusammenspielt. Keine Einzelgänge, sondern immer gucken, wem man den Ball zupassen kann. Das nennt man Teamwork! Also, ihr wisst, wie ich heiße, wie alt ich bin und so ungefähr, wo ich mal Fußball gespielt habe. Wie heißt ihr?«

Er tickt den Jungen neben sich an.

»Ich bin Tom, acht Jahre und schieße gerne Tore!«

»Super, dann sind wir gespannt.«

»Jag heter, äh, ich heiße Ebba.« Sie hat ein blau-gelbes Trikot an, das von der schwedischen Nationalmannschaft. Sieht toll aus.

»Ich bin Luca und will später in eine Profi-Mannschaft.«

»Na, dann wäre das ja geklärt«, sagt Papa.

Ich grinse, weil man Luca solche Aufschneider-Sätze nicht richtig übel nehmen kann. Der denkt einfach echt, die warten nur auf ihn.

»Was willst du denn da machen?«, fragt Simon.

»Er kann die Trikots waschen!«, schlägt Anna vor und alle kichern.

Halim steht mit im Kreis. Er ist als Letzter an der Reihe, sich vorzustellen. Papa lächelt ihn aufmunternd an.

»Marhaba!«, sagt mein Vater. Das heißt Hallo. Wir haben extra ein paar arabische Wörter rausgesucht.

Halim lächelt ihn an. »Marhaba!«

»Wie heißt du?«, fragt Papa langsam.

»Ich Halim!«, sagt er. Und hält neun Finger hoch. Das ist mehr, als er bisher erzählt hat. Ich freue mich sehr und glaube, dass das hier richtig schön und lustig wird. Ich bin stolz auf meinen Vater. Er wirft vieren von uns gelbe Leibchen zu, damit wir uns farblich von der anderen Mannschaft unterscheiden, dirigiert uns auf unsere Positionen auf dem Platz und pfeift das erste Schuhofu-Spiel der 3b an.

8. Kapitel

Wir liegen alle in einer Traube übereinander. Unter uns ist irgendwo der Ball begraben. Ganz unten liegt Luca und ich höre ein Winseln. Außerdem ein Pfeifen. Pfeift er schon aus dem letzten Loch?

»Hey, auseinander da, runter, der Junge kriegt ja keine Luft mehr!«

Ach so, Papa war das mit der Pfeife. Er zieht an Simon und mir. Als das Knäuel entwirrt ist, kommt ein etwas ramponierter Luca zum Vorschein, der den Ball fest in seinen Händen hält.

»Spinnt ihr eigentlich?«, beschwert er sich, grinst aber stolz, weil er den Ball nicht losgelassen hat. »Ihr wiegt mindestens hundert Zentner!«

Luca schüttelt sich und klopft ein wenig an seiner Hose herum. Ebba fasst sich ans Knie. Wieder eine Schramme. Dabei war die alte Wunde doch gerade erst verheilt.

»Das kann gar nicht sein«, meldet sich Simon zu

Wort. »Ein Zentner sind 50 Kilogramm, mal 100 sind 5.000. Das würde bedeuten, dass jeder von uns etwa 500 Kilo wiegt.«

Simon nickt wichtig und stemmt die Hände in die Hüfte, so als wolle er sagen: »Und das habt ihr alle nicht gewusst!«

Inzwischen bereue ich ein wenig, dass Frau Petersen Simon zum Schulhoffußball überredet hat.

Luca kann das besser zum Ausdruck bringen als ich.

»Mir doch egal, wie viel das ist, ich wäre fast erstickt!«

In Theatralik steht Luca Simon in nichts nach.

Halim und noch ein Mädchen aus meiner Klasse haben sich das ganze Spektakel aus der Entfernung angesehen. Halim ist hier auf dem Spielfeld genauso zurückhaltend wie in der Klasse. Aber das ist ja auch kein Wunder.

»Sag mal, wollt ihr ein Haufen wildgewordener Aliens sein, oder echte Fußballer?« Papa blickt uns kopfschüttelnd an. »Fußball spielt man nicht übereinander, sondern neben- und miteinander.« Er bedeutet Luca, ihm den Ball zuzuwerfen. Der will seinen Schatz kaum rausrücken und stürmt damit aufs gegnerische Tor zu. Wir hinterher.

Papa lässt die Trillerpfeife baumeln, steckt zwei Finger in den Mund und stößt damit einen so lauten Pfiff aus, dass wir zumindest mal zu ihm rübersehen.

Halim hingegen hat kurz einen kleinen Schrei ausgestoßen und ist wie zur Salzsäule erstarrt. So sehr hat er sich offenbar erschrocken. Papa läuft auf ihn zu.

»Entschuldige, alles gut. Die Jungs hören nur sonst nicht.« Halim nickt langsam. Luca wirft Papa jetzt doch schnell den Ball zu.

»So, Freunde, mal alle herkommen, so läuft das nicht!«

Ich glaube, Papa ist ein wenig genervt, weil wir nicht machen, was er sagt. Das kann er gar nicht ab, wenn alle rumtoben.

»Entweder ihr hört zu, wenn ich was sage, dann können alle was lernen, oder wir spielen ›Wer ist der größte Chaot?‹. Das dann aber ohne mich.«

Luca öffnet den Mund, ich ramme ihm den Ellbogen in die Seite. Ich spüre einfach, wenn er etwas komplett Beknacktes von sich geben will. Der Chaot!

»Mach is nis wieder!« Ebba ist die Erste, die was sagt, und sofort ist Papas Stimmung besser. Er lächelt Ebba an. Sie ist echt schlauer als Luca und vielleicht auch ein bisschen klüger als ich. Sie macht zwar offenbar jeden Mist mit, weiß aber, wann man bei Erwachsenen einlenken sollte.

»Sehr gut. Beim Fußball geht es darum, das ganze Feld auszunutzen, zu schauen, wer wo steht, sich schnell den Ball zuzupassen, keine Alleingänge zu machen. Nur zusammen seid ihr ein gutes Team!« Dabei wirft Papa Luca einen warnenden Blick zu.

»Okay, und was soll ich dann machen?«, fragt der.

»Abspielen und dich freilaufen, damit die Gegner sich viel bewegen müssen und nicht wissen, was als Nächstes passiert.«

»Klingt irgendwie logisch«, findet Simon.

»Wenn ihr in einem Pulk auf die Deckung zulauft, kann einer als Rammbock stehen bleiben und der Rest der Gegner pflückt in der Zwischenzeit Gänseblümchen.«

Papa findet immer ganz lustige Vergleiche. Ebba macht große Augen.

»Was ist ein Rammbock, ein Tier beim Fußball?«

Sie guckt dabei so ungläubig, dass ich sie am liebsten kurz umarmen würde. Mach ich natürlich nicht. Stattdessen stellen wir uns alle vor, wie es wäre, wenn ganz viele Tiere auf dem Platz stünden.

»Okay!« Papa lässt sich auf das Gedankenspiel ein.

»Dann ist Noa bitte mal der Rammbock in der Abwehr. Marie macht als Maus die Löcher dicht, Luca ist der Terrier, der den Gegnern in die Waden beißt, Tom ist im Sturm der Schnellste, welches Tier müsste er sein?«

War ja klar. Simon meldet sich.

»Der Gepard ist am schnellsten mit 120 Stundenkilometern.«

Ha, denke ich. Diesmal nicht, du Angeber. Papa und ich tauschen einen kurzen Blick aus.

»Gut!«, sage ich zu Simon und bin Papa in dem Moment unendlich dankbar dafür, dass er mit mir so viele Tier-Dokus guckt. »Dann kannst du von mir aus der Gepard im Angriff sein. Dann bin ich aber der Falke. Der schafft nämlich 340 Stundenkilometer und stürzt sich auf seine Beute!«

Ich als Sturmfalke stelle mich stolz auf meine Position.

Papa grinst und Simon zuckt mit den Achseln.

»Wusste nicht, dass auch Tiere, die fliegen können, gemeint waren.«

»Na, jetzt sei kein schlechter Verlierer«, weist Papa ihn zurecht. »Darum geht's beim Fußball nämlich auch. Es ist nicht schlimm, wenn man mal zurückliegt oder verliert, wenn alle zusammen gut gespielt haben.«

»Sagte Jogi Löw in der Kabine auch immer solche Sachen?«, fragt Tom.

Papa seufzt laut.

»Bestimmt so in der Art«, antwortet er.

Ebba kommt in meine Mannschaft, sie wollte ein Delfin sein, die sind nämlich im Wasser am schnellsten.

»Und du, Halim, welches Tier möchtest du sein?«, fragt Papa ihn. Ob Halim ihn versteht, können wir nicht sagen.

Was für Tiere gibt es denn noch?, überlege ich.

»In der Wüste gibt es Gazellen, Schakale, Skorpione.«

»Dann möchte ich die Gazelle sein«, wünscht sich Anna. »Die haben lange Beine.«

»Syrien ist bekannt für Goldhamster«, erklärt Papa. »Du, Halim, könntest die goldenen Pässe geben.«

Er zeigt Halim auf seinem Handy das Bild eines Hamsters. Vielleicht hat der sogar ein ganz klein wenig gelächelt, als er es gesehen hat.

»Wir üben jetzt, dass jeder auf seiner Position steht und guckt, wem er am besten den Ball zuspielen könnte.«

Danach ist es zwar immer noch etwas durcheinander auf dem Spielfeld, aber es geht schon viel besser als vorher.

»Super, spiel ab, Tom. Ja, Ebba! Prima, hol ihn dir, Simon. Klasse, Halim!« Papa lobt uns, und wir spielen schon richtig gut, finde ich.

Bis zu dem Moment, wo Luca seinen Spielernamen zu genau nimmt. Er ist der Terrier. Ich hatte schon befürchtet, dass er das wörtlich nehmen würde. Kaum dribbelt Noa an ihm vorbei, wirft sich Luca auf den Boden, hält ihn fest und beißt ihm, wie ein Terrier, von hinten in die Wade.

»Aua!«, hören wir nur. Und »Aus!« von Papa.

»Soll ich dich an die Leine nehmen?«, fragt er Luca. Der grinst schief. Bei Luca muss man echt aufpassen. Wenn man dem sagt, er soll einen butterweichen Pass spielen, bringt der von zu Hause Margarine mit und schmiert damit den Ball ein.

»Hast du so ’nen Hunger, Luca?«, will Papa wissen.

»Immer!«

»Gut, dann kommt mal her.« Eine Tasche wird geöffnet und Papa holt eine große Dose mit Schoko-Keksen heraus.

»Damit du nicht mehr fremde Beine anknabbern musst.« Er hält Luca die Dose hin.

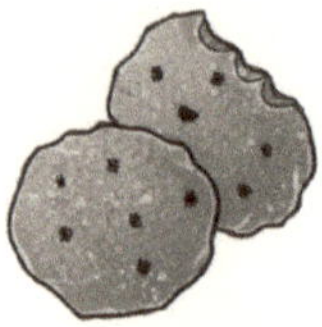

Alle nehmen sich glücklich einen Keks, nur Halim zögert. Er schüttelt den Kopf.

»Da ist keine Gelatine drin«, erklärt Papa. »Hat Freds Mama gebacken, ist ohne Gelatine.«

Halim scheint zu verstehen, lächelt schüchtern, nickt und nimmt sich einen Keks. Ich finde es toll von Mama, dass sie trotz ihres anstrengenden Berufs Kekse für uns gebacken hat.

»Dank!«, sagt Halim leise.

»Was ist Gelatine?«, fragt Noa.

»Das ist …«, antwortet Simon sofort, zögert dann aber, überlegt kurz, spricht nicht weiter, weil er sich verschluckt. Er hustet ein wenig.

Papa hilft weiter.

»Das ist eine Substanz, die wird aus Schlachtabfällen hergestellt, aus Tierknochen und -häuten. Damit dickt man Lebensmittel ein. Gummibärchen zum Beispiel. Und weil da auch viel vom Schwein drin ist, essen Muslime es nicht. Das steht aber auf den Lebensmitteln drauf, ob es drin ist. Und wenn nicht, dann kann er es ohne Sorge essen.«

»Genau!«, stimmt Simon zu und beißt wieder in seinen Keks. Irgendwie glaube ich, dass er es gar nicht wusste.

»Darf ich noch einen?«

Tom, Luca und ich betteln ein wenig.

»Wiiiiiie bitte?«, fragt Papa und tut entrüstet. »Ihr wollt wohl bald alle zusammen 100 Zentner wiegen?!«

9. Kapitel

So schnell bin ich morgens noch nie aus dem Bett gesprungen. Woran es genau liegt, weiß ich nicht. Vielleicht, weil ich heute bei Ebba zu Mittag essen darf. Das haben unsere Mütter ausgemacht. Mama hat irgendeinen Job-Termin, deswegen kann sie mich nicht von der Schule abholen. Zum ersten Mal darf ich zu Ebba nach Hause.

»Hast du deinen Helm?«, will Mama wissen.

»Natürlich!« Ich halte den Helm hoch.

Heute ist nämlich nicht nur Ebba-, sondern auch Fahrrad-Tag. Unsere Klasse soll die Regeln im Straßenverkehr besser lernen. Dafür kommen extra Verkehrspolizisten in die Schule.

»Wo ist Halim?«, frage ich, als die Polizisten in ihren blauen Uniformen vor der Tafel stehen und beginnen, uns zu erklären, wer wo Vorfahrt hat und was auf der Straße erlaubt ist.

Ich bin oft genug mit Papa Auto gefahren, um zu wissen, was andere für verbotene Dinge tun. »Fahr nach rechts! Blöder Mittelspur-Fahrer«, ruft er oft, wenn wir auf der Autobahn sind, weil wohl sehr viele Schnecken die Spur blockieren.

»Hat ihn heute schon jemand gesehen?«, frage ich leise.

»Doch, Halim war vorhin da«, flüstert Marie. Ich mache mir sofort ein wenig Sorgen, weil ich nicht weiß, wieso er jetzt wieder weg ist.

»Darf ich mal auf Toilette?«, bitte ich Frau Petersen. Klar darf ich, trotzdem schüttelt sie leicht den Kopf, weil ich ausgerechnet jetzt, wo die Polizei da ist, mal muss.

Über den Gang flitze ich zu den Toiletten. Die hinterste Tür ist verschlossen. In der Kabine daneben steige ich verbotenerweise auf den Klodeckel und kann so über die Trennwand blicken. Auf der anderen Seite sitzt wirklich Halim. Er zittert. Obwohl es draußen sehr warm ist.

»Hallo!«, sage ich. Er blickt hoch. »Machst du die Tür auf?«

Nach einer Ewigkeit öffnet sie sich.

»Was ist los?«, will ich wissen, als ich vor Halim stehe.

Er sagt lange nichts, sieht total verschreckt aus und meint dann irgendwann nur: »Bauch tut weh. Polizei!«

»Ach so!« Jetzt verstehe ich. Er hat sich hier versteckt, als er gesehen hat, dass die Polizisten gekommen sind. Da hat er aus irgendeinem Grund Angst bekommen.

»Die sind wegen der Fahrräder hier.«

Ich mache mit meinen Händen eine Geste, als würde ich einen Lenker umfassen. In dem Moment fällt mir ein, dass ich gar nicht weiß, ob Halim überhaupt ein Fahrrad hat. Vorsichtig ziehe ich ihn hoch. Ich verspreche ihm, dass er nicht zur Polizei muss.

Ich schleiche zurück in die Klasse und winke Frau Petersen zu, rauszukommen. Dann erkläre ich ihr alles.

»Geh du mal bitte wieder rein, Fred, und danke für deine Hilfe. Ich kümmere mich um Halim.«

So richtig konzentrieren kann ich mich nicht auf das, was die Polizisten sagen. Gedanklich schweife ich immer wieder ab zu Halim. Ich mag ihn wirklich gerne und es tut mir leid, dass er so gezittert hat.

Später, als wir auf unsere Fahrräder steigen und ein paar Runden drehen, achte ich genau auf die Polizisten. Frau Petersen hat mir gesagt, dass Halim nach Hause gegangen ist wegen der Bauchschmerzen.

»Vielen Dank, dass du ihm geholfen hast, Fred.«

Trotzdem komme ich nicht davon los, dass er sich auf der Toilette versteckt hat. Kann Halim überhaupt Fahrrad fahren? Hat er eins? Ich habe keine Ahnung.

»Kinder von acht bis zehn dürfen zwar noch auf dem Gehweg fahren, aber wenn wir auf der Straße sind, wer hat dann Vorfahrt?«, fragt die nette Polizistin an einer Straßenecke.

»Wir?«, gebe ich vorsichtig zurück. Ebba lächelt mich an. Sie trägt einen blauen Fahrradhelm, auf dem der Aufkleber eines Elches prangt. Der gefällt mir.

»Wenn ihr auf der Straße seid, habt ihr genau die gleichen Rechte wie Autofahrer, aber auch Pflichten. Ihr dürft natürlich nicht denken, die Straße gehört nur euch.«

»Das wissen wir schon vom Nationalspieler«, ruft Luca dazwischen.

Was soll das denn schon wieder? Tadelnd blicke ich zu Luca rüber.

»Wie beim Fußball ist das. Da gehört einem auch nicht der ganze Platz alleine.«

Die Polizisten lachen. »Das kann man so ungefähr vergleichen, ja! Obwohl da nicht immer die Spieler, die von rechts kommen, Vorfahrt haben.«

Luca nickt wissend. »Aber alle spielen zusammen! Und im Verkehr muss man ja auch auf die anderen achten.«

»Und das hat dir ein Nationalspieler erklärt?«, will der Polizist wissen. »Welcher denn?«

Luca deutet in meine Richtung und ich werde knallrot. Um abzulenken, betätige ich meine Fahrradklingel und zeige auf die freie Straße.

»Wir können los, oder?«, frage ich eifrig.

Die Polizisten schlucken mein Ablenkungsmanöver. Und ich habe eine neue Aufgabe: Ich muss dringend Papas Nationaltrikot verstecken.

10. Kapitel

Immer dem Elch nach. Ich radle hinter dem Fahrradhelm, auch bekannt als Ebba, und ihrer Mutter Frida her. Die Straße, in der die Karlssons wohnen, kannte ich vorher gar nicht. Es ist eine kleine Straße, in der viele Häuser mit großen Gärten stehen. Als Erstes entdecke ich das Tor.

»Ihr habt ein Tor im Garten!«, schreie ich fast, weil ich mit allem gerechnet hätte, nur damit nicht.

»Ja, Mama und Papa sind Handballer. Manchmal üben wir hier ein bisschen werfen.«

Beinahe hätte ich mein Rad achtlos in die Ecke gefeuert und wäre schnurstracks in den Garten gerannt. Aber Mama würde ausflippen, wenn ich zum ersten Mal bei Ebba zu Hause mit dem Lenker gleich irgend-

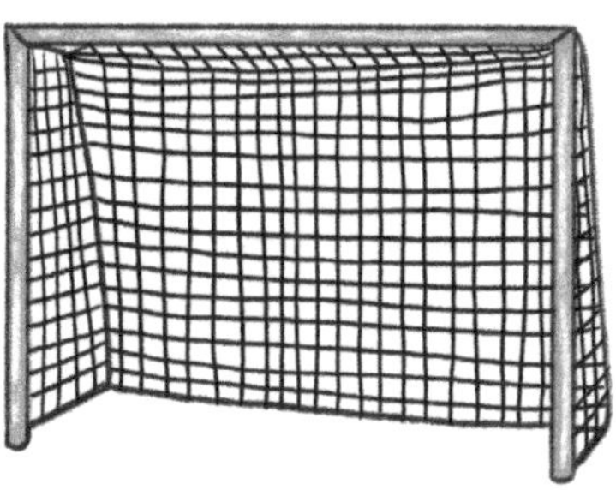

welche Blumen erdolche. Oder den Holzelch, der vor der Eingangstür wacht.

»Wollt ihr vor dem Essen noch ein bisschen draußen spielen?«, fragt uns Ebbas Mutter. Wir nicken.

»Bist du auch gut im Handball?«, frage ich Ebba.

»Ich kann ganz gut fangen, werfen würde ich gerne doller können.«

Gerade mal ein paar Wochen ist Ebba bei uns in der Klasse, und ihr Deutsch ist schon so gut, als habe man ihr einen Fremdsprachen-Chip eingepflanzt.

Aus einer Kiste nehmen wir einen Handball und werfen ihn uns zu. Ebba erwischt wirklich jeden Ball. Ich muss mich ganz schön anstrengen, bisher kenne ich ja eher Beinarbeit.

»Komm, wir werfen aufs Tor«, schlägt Ebba vor.

»Ohne Torwart?«, frage ich.

»Wenn ich mit Papa spiele, nehmen wir oft einen Stuhl«, erklärt sie mir. »Weil wir beide lieber werfen wollen.«

Gemeinsam schleppen wir einen Gartenstuhl ins Tor und ballern danach los. Ziel ist es, den Stuhl nicht zu treffen.

»Toooor, Toooooor!«, rufen wir jedes Mal. Ebba hat viel mehr Puste als mein Nachbar, mit dem ich manchmal trainiere. Herrlich ist es hier. Mit ihr könnte man wahrscheinlich bis Weihnachten Bälle aufs Tor werfen.

Nachtrag: Wenn es keine Eltern gäbe.

»Kommt ihr rein?«

Frida steht in der Terrassentür und winkt uns zu. Als ich in die gemütliche Küche trete, staune ich Bauklötze. Es duftet herrlich nach Kuchen und auf dem Esstisch steht eine riesige bunte Schüssel mit kleinen, runden Frikadellen. Sie sehen aus wie Mini-Fußbälle.

»Das sind typisss ssswedise Schjöttbullar.«

Die Dinger habe ich schon mal in einem großen Möbelhaus probiert, allerdings haben die Leute da was anderes gesagt.

»Hier sagen alle immer Köttbulla«, merke ich an.

Ebba und Frida lachen.

»Die spricht man anders aus. Ihr sprecht das K wie in Köln, aber in Schweden sagt man Schjötbullar.«

»Schrott-Bullen?«, frage ich und schlage mir sofort die Hand vor den Mund.

Nur weil wir zu Hause aus Wörtern immer andere lustige Begriffe machen, heißt es nicht, dass die Karlssons das auch lustig finden.

Ich irre mich. Ebba lacht sich kaputt.

»Schrott-Bullen! Das ist super.« Schnell übersetzt sie ihrer Mutter, was ich gesagt habe. Frida hat den Fremdsprachenchip mit Super-Speed-Funktion offenbar noch nicht. Auch sie findet den Begriff witzig, sagt allerdings »Srott-Bullen«. Wir gackern so sehr, dass uns jedem ein Happen Schrott-Bulle aus dem Mund fällt. Ich bin sehr zufrieden, dass Ebbas Familie auch ein bisschen verrückt ist.

»Wollt ihr Nachtisss?«, möchte Frida wissen. Natürlich! Was für eine Frage!

Endlich erfahre ich auch, woher der tolle Geruch kommt. Frida holt ein Blech aus dem Backofen. Ich habe mit vielem gerechnet, aber damit bestimmt nicht. Es ist ein Pfannkuchen, der das ganze Backblech ausfüllt. Noch nie in meinem Leben habe ich einen so riesigen Pfannkuchen gesehen.

»Pannkaka heißt das!«, erklärt Ebba. »Eigentlich kommt da Speck rein, wir machen es aber ohne, möchtest du Marmelade und Sahne?«

Ich möchte alles. Könnte auf der Stelle den gesamten Pfannkuchen verschlingen. Meine Augen müssen so groß wie ein Ufo sein. Frida schneidet aus dem Backblech wie bei einem richtigen Kuchen Stücke heraus.

Ich bekomme das größte auf dem blau gestreiften Teller serviert.

Während ich schmatzend den Pfannkuchen in mich hineinschaufle, fällt mir etwas ein.

»Was hast du gesagt, wie der heißt?«, frage ich mampfend. Glücklicherweise schimpft niemand, weil ich so schlinge. Ich versuche, mich etwas zurückzuhalten, aber es geht einfach nicht. Zu lecker ist das.

»Pannkaka!«

Da habe ich mich vorhin also doch nicht verhört. Was soll ich machen? Hat sie gerade »Kaka« gesagt? Ich bin nun echt kein Baby mehr, das über jeden Mist kichert, aber das finde ich ultrakomisch.

»Ja, kaka heißt auf Schwedisch Kuchen«, erklärt Ebba.

»Darf ich mal eben auf die Toilette gehen?«

»Klar, dahinten!«

Auf Strümpfen laufe ich durch den Flur, in dem ungefähr 99 Paar Schuhe stehen.

Dort kichere ich wie wild, versuche aber, es leise zu tun. Ich möchte auf keinen Fall, dass Ebbas Mutter zu Mama sagt, dass ich nicht wiederkommen darf.

»Alles okay?«, ruft Frida von draußen.

»Ja, alles gut. Ich komme gleich.«

Offenbar hat sie doch etwas gehört.

»Hast du dich übergeben, Fred?«, fragt sie besorgt.

»Nein, alles o. k.«

Wie peinlich. Hoffentlich erzählt sie das nachher nicht meinen Eltern.

»Es gibt einen lustigen Spruch auf Schwedisch, den man aus Quatsch nach dem Essen sagt«, erklärt Ebba, als ich wieder in der Küche sitze.

Den will ich hören.

»Tack för maten den var god, hälften spydde, resten dog.«

»Was heißt das?«, frage ich. Ich habe kein Wort verstanden.

»Danke fürs Essen, das war gut«, beginnt Ebba und muss schon wieder kichern. »Die Hälfte hat gespuckt, die andere Hälfte ist …«

Sie kann nicht weiterreden, ihre Mutter hilft ihr. »Tot!«

»Weil das Essen so eklig war«, ergänzt Ebba und lacht immer noch.

Das ist wirklich witzig.

»Uuuuund. Smeckt dir nicht, pannkaka?«, fragt Frida.

»Doch, sehr!«, antworte ich und muss schon wieder grinsen.

Ebba sieht mich von der Seite an. Sie hat auf einmal verstanden, wieso ich so lachen muss. Wegen Pann-Kaka.

Sie prustet los und zwinkert mir verschwörerisch zu.

»Ihr seid zwei Lustigbolde!«, meint Frida.

»Witzbolde!«, sage ich und hoffe, sie ist nicht sauer, dass ich sie verbessere. Ist sie nicht. Ebbas Mutter ist total nett, ich möchte aber trotzdem nicht, dass sie versteht, worüber ich vorher so gelacht habe.

»Ihr habt ja sogar Elchgardinen im Flur«, sage ich also, um abzulenken. Darin bin ich richtig gut. Im Ablenken, nicht im Gardinenbewundern.

»Ja, ich vermisse Sweden sehr.«

Frida zuckt mit den Schultern.

»Meine Eltern wohnen in der Nähe von Stockholm, an einem See. Wenn du willst, kannst du in den Ferien mal mitkommen.«

Ich bekomme große Augen. Wie cool wäre das denn? Ab zu den ganzen Elchen.

»Du hast ja auch einen Elch auf deinem Fahrradhelm«, wende ich mich an meine Klassenkameradin. »Der sieht süß aus.«

»Möchtest du auch einen?«, fragt Ebba.

»Ja, klar!« Das kann doch nicht wahr sein.

Heute ist wohl mein absoluter Glückstag. Ebba zieht die Schublade des hellen Küchenschranks auf und kommt mit ein paar Aufklebern an den Tisch zurück. Ich wische mir meine Hände an der Serviette ab. Daran klebten noch etwa zwei Tonnen Marmelade und Sahne.

»Guck, das sind alles Elche. Verschiedene Farben und Größen.«

Frida nickt mir lächelnd zu und setzt sich zu uns an den Tisch.

»Auch für deinen Helm!«, sagt sie.

»Ich hole ihn schnell.«

Frida hat unsere Schulranzen und Fahrradhelme auf die Bank im Flur gelegt, als wir in den Garten gestürmt sind. Mein Helm ist schwarz-gelb.

»Der ist toll!« Ich zeige auf einen mittelgroßen gelben Elchaufkleber.

»Den kannst du hier auf das Schwarz kleben.« Ebba ist begeistert und zieht die Schutzfolie ab.

»Darf ich den echt haben?« Ich freue mich total. So einen Elch-Aufkleber hat sonst niemand bei uns.

»Natürlich!« Zack, hat Ebba ihn aufgeklebt. »Jetzt sind wir Elch-Zwillinge.«

»Ist das so was wie Freunde?«, hake ich nach.

Ebba antwortet wie aus der Pistole geschossen: »Noch besser!«

11. Kapitel

»Ich gehe mit Ebba nach Stockholm!«

Meiner Mutter bleibt das Käsebrot im Hals stecken, als ich diesen Beschluss verkünde.

»Ach, tatsächlich?«, fragt Papa amüsiert und stibitzt mir ein Cabanossi-Würstchen von meinem Teller. »Nimmst du dann auch all deine Stofftiere mit und den Müll unter deinem Bett?«

Typisch Papa. Immer aus allem einen Witz machen. Er setzt sogar noch einen drauf. »Heiratet ihr dort auch und habt ihr schon ein Haus gekauft?«

»Quatsch!«, antworte ich entrüstet und klaue mir ein Stückchen Tomate-Mozzarella, nach dem er gerade greifen will. »Wie kommst du denn darauf?«

»Weil du eben gesagt hast, dass du umziehst. Prima! Dann können wir dein Zimmer vermieten, ein bisschen Geld kommt rein und wir können uns endlich mehr Essen leisten.« Zur Betonung steckt Papa seinen Löffel in meinen Joghurtbecher und leckt ihn ab.

»Sagt mal, was ist das hier eigentlich für ein Mundraub? Jeder bleibt jetzt mal bitte auf seinem eigenen Teller.« Mama spricht ein Machtwort.

»Okay! Countdown«, sage ich.

Papa beginnt von zehn rückwärts zu zählen, und ich mopse Mama einen Happen ihres Frischkäse-Schwarzbrotes.

Sofort lacht sie.

»Nicht mal bis zur Null hat sie durchgehalten«, stellt Papa fest.

»So, was ist jetzt mit Ebba?«, will Mama wissen.

»Ihre Mutter hat gesagt, ich darf mal in den Ferien mit nach Schweden, da wohnen Ebbas Oma und Opa.«

»Oh, das ist ja nett. Also doch keine Heirat?«

»Nein, natürlich nicht!« Ich strecke meinem Vater die Zunge raus. »Bei Ebba gab es heute den größten Pfannkuchen, den ich je gesehen habe. Und ich habe einen Elch auf dem Fahrradhelm.«

Ich greife unter den Tisch, wo ich den Helm auf meinem Schoß liegen habe. Hatte irgendwie vergessen, ihn auf der Bank abzulegen.

»Ach ja, ihr hattet ja heute die Fahrrad-Prüfung«, fällt Mama ein. »Hast du jetzt einen Führerschein?«

»Die Polizisten haben gesagt, dass wir es gut gemacht haben.« Ich unterschlage die Geschichte mit dem Nationalspieler. Das würde nur alle verwirren, und Papa würde sich vielleicht noch was drauf einbilden.

»Leider war Halim nicht dabei. Er hat sich morgens auf dem Klo versteckt.«

Papa legt sein Wurstbrot auf den Teller und sieht mich an.

»Was war denn los?«

»Ich glaube, er hatte Angst vor den Polizisten. Ich weiß aber nicht, wieso.«

»Das ist kein Wunder, dass er sich vor Polizisten fürchtet«, erklärt Papa. »Ich hab dir ja schon mal kurz erklärt, dass in Halims Land viele Angst vor Leuten in Uniform haben. Du weißt ja, aus welchem Land er kommt?«

»Ja, aus Syrien. Und da ist es schlimm für Kinder«, sage ich.

»Genau!«, fährt Papa fort. »Weil dort ein Bürgerkrieg herrscht, sind viele geflüchtet. Und es wird viel geschossen.«

»Das ist ja schrecklich. Gibt es da keine Polizei, die einem hilft?«, will ich wissen.

»Nicht wie bei uns. Hier ist die Polizei per Gesetz verpflichtet, dir zu helfen. In Syrien gibt es solche Gesetze nicht mehr, da kann die Polizei sogar zu den

Bösen gehören und dich grundlos ins Gefängnis stecken. Das ist oft so im Krieg.«

Das will ich jetzt genau wissen. Gott sei Dank erklärt Papa mir immer alles, während andere Eltern oft sagen, dass so was zu schlimm für Kinder sei. Ich finde es gut, weil ich dann weiß, was mit Halim los ist.

»Sind Halim und seine Freunde denn auf eine Schule gegangen?«

Papa zuckt mit den Schultern. »Ich weiß nicht, wie lange Halim schon hier ist. Hast du seine Eltern mal gesehen?«

Ich überlege und schüttele den Kopf.

»In Syrien ist es so, dass sehr viele Kinder gar nicht zur Schule gehen können. Etliche Häuser sind zerstört. Viele Menschen haben gar keine Arbeit, keine Wohnung. Es ist ganz schwierig, an Lebensmittel wie Brot heranzukommen. Und wenn man krank ist, kann man nicht einfach wie bei uns zum Arzt gehen.«

»Ist es jetzt immer noch so schlimm da? Kann Halim irgendwann zurück, wenn er das möchte?«

»Das ist schwer zu beantworten. In Syrien ist alles zerstört, jeder kämpft gegen jeden, da stehen nur noch Ruinen, es gibt keinen Bäcker, keine Apotheke. Vielleicht weiß Halims Familie nicht mal, ob ihr Haus noch steht.«

»Wieso ist denn da Krieg?«

»Das ist losgegangen, als du noch gar nicht auf der Welt warst. Da wollten die Menschen nicht mehr, dass der Staat, die Regierung, alles bestimmt. Sie wollten frei sein. Menschen wollen eigentlich immer ziemlich viel selbst entscheiden. Du doch auch, oder?«

»Ja, am liebsten würde ich immer selbst entscheiden, vor allem was ich esse oder was ich im Fernsehen gucken darf.«

»Genau. Und dafür sind die Menschen friedlich auf die Straße gegangen und haben ihre Meinung gesagt. Demonstrieren nennt man das.«

Mama räumt inzwischen das Geschirr ab und legt mir einen Schoko-Riegel auf den Tisch. Das freut mich, aber erst mal möchte ich weiter zuhören, was in Syrien passiert ist.

»Bei uns steht im Gesetz, dass Menschen das ausdrücklich dürfen. In Syrien hat die Regierung solche Demonstrationen gewaltsam beendet. Man hat sie ins Gefängnis gesteckt. Oder man hat ihnen alles weggenommen, was sie besaßen.« Papa macht eine kurze Pause. »Wenn ich aufhören soll zu erzählen, musst du es sagen.« Mama guckt schon ganz besorgt, aber ich möchte alles wissen.

»Und was machten die Menschen dann?«

»Was würdest du denn machen?«, fragt Papa und sieht mich lange an.

»Ich würde abhauen.«

»Und wohin?«

»Na irgendwohin, wo nicht geschossen wird und ich alles sagen darf.«

»Siehst du, und genau das hat Halims Familie wahrscheinlich gemacht. Die Eltern wollten einfach keine Angst mehr haben, um sich, ihre Familie. Damit es den Kindern besser geht.«

»Wie sind sie geflüchtet, mit dem Flugzeug?«

Papa schüttelt den Kopf. »So einfach ist das leider nicht. Eine Flucht aus einem Land wie Syrien ist lebensgefährlich und sehr, sehr teuer. Man muss ganz vielen Leuten Geld geben, damit sie einem helfen, zum Beispiel, um auf Boote geschmuggelt zu werden.«

»Wie lange dauert das denn?«

»Mehrere Wochen. So lange konnten sie sich nicht waschen, keine Zähne putzen, nicht duschen. Es gibt da nur ganz wenig zu essen. Ständig musst du Angst haben, entdeckt zu werden. Es könnte auch sein, dass die Fluchthelfer einen verraten, weil sie Angst haben, selbst entdeckt zu werden.«

Ich sage erst mal nichts, versuche mir das vorzustellen. Das klingt unglaublich.

»Und natürlich schaffen es ganz oft nicht alle. Familien verlieren dann ihre Oma, den Opa oder andere Familienmitglieder.«

Ich greife nach dem Schoko-Riegel, um mich an etwas festhalten zu können.

Das klingt alles wirklich schlimm. Für Halim ist es bestimmt wie in einem Märchen, dass wir hier in Hamburg alles spielen können, was wir wollen, so wie Fußball auf dem Schulhof.

»Dann verstehe ich auch, wieso er so eine Angst vor den Polizisten hatte heute früh. Schade, weil die wirklich nett waren. Er hat sich auch mal unter dem Tisch versteckt, als ein Flugzeug über die Schule geflogen ist.«

»Ja klar. Wenn du immer denkst, du könntest gleich angegriffen werden, dann möchte man nur noch in Deckung gehen«, sagt Papa und streicht mir über den Kopf. Ein bisschen schnürt es mir den Hals zu. Ich hätte ganz schön Angst.

Wir setzen uns aufs Sofa. Ich kuschele mich an meinen Papa und frage ihn, ob wir uns auf seinem Handy noch ein kleines Video über Wale anschauen können, weil ich die so gerne mag. Obwohl ich eigentlich ins Bett müsste, darf ich ein wenig länger aufbleiben und sogar gleich zwei Tiervideos ansehen.

Als Mama und Papa mich später bitten, ins Bett zu gehen, denke ich immer noch über meinen neuen Freund nach.

»Wie kann ich Halim denn helfen?«

»Einfach so wie bisher. Nett zu ihm sein, normal, und dich um ihn kümmern. Dass du ihn gesucht hast, als er sich versteckt hat, war ganz toll. Das hast du super gemacht. Er freut sich bestimmt, wenn er einen Freund hat.«

»Und beim Schulhof-Fußball macht er ja auch immer mehr mit«, sagt Papa. »Ich finde, dass er richtig gut mit dem Ball umgehen kann.«

Ich nicke. Das finde ich nämlich auch.

»Ich freue mich schon aufs Fußballspielen morgen.«

»Es gibt auch ein paar ganz schöne Geschichten, die Mut machen«, berichtet Papa. »Ich habe von einem syrischen Jungen gelesen, Ahmad heißt der, der hatte schon mit sieben Jahren hier in Deutschland jeden Tag sein Fußball-Trikot an und mit dem Ball im Bett geschlafen. Der Vater hat mit ihm trainiert.«

»So wie du mit uns?«

»Ja, noch ein bisschen mehr. Der Vater ist richtig ehrgeizig, möchte, dass sein Sohn mal bei Real Madrid oder so spielt. Weißt du, was die beiden üben?«

Ich schüttle den Kopf, bin aber sehr gespannt.

»Der Vater hat sich zum Beispiel eine Plastik-Wasserflasche auf den Kopf gestellt und Ahmad hat sie runtergeschossen.«

»Eeeeecht?«, rufe ich und meine Augen leuchten.

»Ich weiß, was du denkst!«, sagt mein Vater in dem Moment. »Wie ich euch kenne, würdet ihr mit dem Ball mein Gesicht oder den Bauch treffen.«

»Na, der ist ja Gott sei Dank gut gepolstert!«, bemerkt Mama, während sie sich eine Rippe Nuss-Schokolade in den Mund schiebt.

»Das sagt ja die Richtige, meine kleine Sahneschnitte, nech?!«, meint Papa, und auf der Stelle lachen beide. Ich lache mit und bin froh, dass ich es so gut habe.

12. Kapitel

Ich sehe ihn schon von Weitem. Halim steigt vor der Schule aus einem Auto aus. Ob das seine Mutter ist, die ihn bringt? Es ist ja auch erst mal egal, Hauptsache, Halim ist wieder da.

»Hallo, wie geht's dir?«, frage ich ihn, als wir gemeinsam den Weg entlanglaufen. Ich schiebe mein Fahrrad. Mama winkt mir hinterher. Ich tue so, als würde ich es nicht sehen. Allmählich könnte sie auch einfach wegfahren, sobald ich auf dem Schulgelände bin. Ich bin ja kein Kleinkind mehr, das von seiner Mutter noch bis auf seinen Stuhl gebracht wird und die Schuhe zugeknotet bekommen muss. Ich stolpere über meinen offenen Schnürsenkel und fange mich gerade so. Jedenfalls hat Mama gesagt, je mehr ich mit Halim spreche, umso schneller lernt er Deutsch und fühlt sich wohler in Hamburg.

»Gut!«, antwortet Halim und lächelt sogar. Gerne würde ich ihm sagen, dass wir Freunde sind und ich immer mit ihm spielen und ihm helfen werde, aber ich weiß nicht, ob er das versteht.

»Hast du deine Sportsachen?«

Ich sehe keinen Turnbeutel, es könnte aber auch sein, dass er den in dem kleinen Vorraum zum Klassenzimmer hängen gelassen hat. Hoffentlich ist der Unterricht schnell zu Ende, damit wir zum »Schuhofu« können.

»Guck mal, ich habe einen Elch!« Ich deute auf den Aufkleber auf meinem Helm und blicke mich unauffällig um, um abzuscannen, ob Ebba in unserer Nähe ist.

»Gut!«, findet Halim.

»Vielleicht schenkt Ebba dir auch einen.« In der Schublade lagen so viele davon, Ebbas Mutter hat vermutlich halb Schweden aufgekauft.

So ähnlich wie Mama. Wenn sie sagt, sie läuft noch mal eben schnell zum Supermarkt, um einen Liter Milch zu kaufen, kommt sie meist schwer keuchend mit fünf Tüten wieder zurück. Laut Papa hat sie den halben Supermarkt leer gekauft, damit der Chef des Ladens bald so viel Geld hat, um in die Karibik auswandern zu können. Würde ich auch lieber machen als Mathe-Unterricht.

»Hast du eigentlich ein Fahrrad?« Ich deute auf mein Rad und dann auf Halim.

Er schüttelt den Kopf.

»Schade.«

Wenn er eins hätte, könnten wir mal zusammen zur Schule fahren. Dabei weiß ich noch gar nicht, wo er wohnt.

»Frau Petersen, warum hast du ein Fußball-Trikot an?« Luca brüllt durch die Klasse, noch bevor überhaupt alle sitzen.

»Ich dachte, ich spiele nachher beim Fußball mit!«, sagt sie.

Da bin ich aber gespannt, wie unsere Lehrerin sich schlägt. Ein bisschen muss ich grinsen, weil ich an den ersten Schultag nach den Ferien denke. Als Mama in mein Zimmer kam, um mich zu wecken und meinte, Frau Petersen würde im Fußballtrikot mit Lockenwicklern in der Küche sitzen.

»Zum Warmmachen machen wir ein kleines Fußball-Quiz!«, schlägt die tollste Lehrerin aller Zeiten vor.

»Was hat denn das mit Mathe zu tun?« Simon ist so ein blöder Spielverderber. Will der eigentlich immer nur lernen?

»Du wirst schon sehen, dass man dafür auch rechnen können muss.«

Sie teilt unsere Klasse in zwei Gruppen auf. Linke Hälfte gegen die rechte. Nina ist Sprecherin der anderen Gruppe rund um Ebba und Anton, Luca wird zu unserem ernannt. Na, das kann ja was werden! Wir dürfen uns in unserer Gruppe beraten, die Antwort muss aber der Sprecher geben.

Ninas Team heißt: Fußballerinas!

Wir müssen uns auch einen Namen ausdenken. Simon schlägt Kickerinos vor, was keiner so richtig schlecht findet. Irgendwie möchte ich nicht, dass Simon sich deswegen eine Woche lang wichtig nimmt und damit angibt, dass er sich so einen tollen Namen ausgedacht hat. Deswegen überlege ich krampfhaft, ob mir auch was Gutes einfällt. Ich denke an das Gespräch gestern mit Mama und Papa über den syrischen Jungen, der seinem Vater mit dem Ball Wasserflaschen vom Kopf schießt. Was hat Papa noch mal zu Mama gesagt? Ach ja: Sahneschnitte.

»Wie wär's mit Sané-Schnitten?«, rufe ich plötzlich in die Stille.

Luca schlägt auf den Tisch und kichert ungebremst los. Er kennt natürlich Nationalspieler Leroy Sané und versteht das Wortspiel. Die anderen finden es auch richtig gut.

Simon schaut blöd aus der Wäsche. 1:0 für mich.

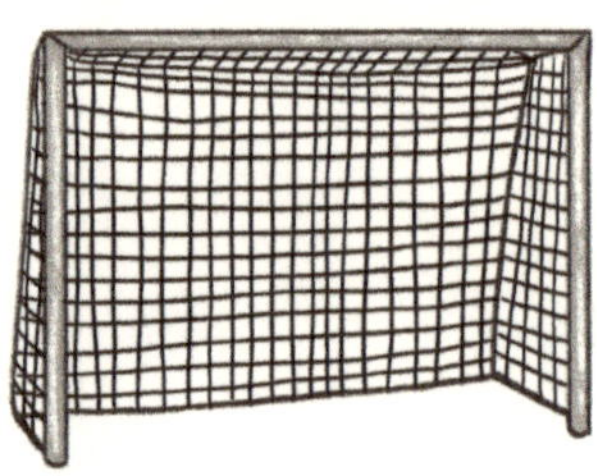

Frau Petersen liest die erste Frage vor.

»Wie viele Sekunden dauert ein Fußballspiel ohne Verlängerung oder Nachspielzeit?«

»90!«, platzt Luca heraus.

Simon boxt ihn in die Seite. »Quatsch, Mann, das sind die Minuten!«

»Hä?!« Luca kapiert das Problem nicht. »Ein Spiel dauert doch 90 Minuten!«

»Sie will wissen, wie viele Sekunden«, flüstert Noa.

»Bleibt es bei der Antwort, Team Sané-Schnitten?«, will Frau Petersen wissen, die sich köstlich amüsiert, weil wir in heftige Diskussionen ausbrechen.

Ich werfe einen Blick zum Team Fußballerinas. Die rechnen wie wild, während wir uns streiten.

»Schnell, Simon, mach mal!«, spornt ihn Maja an.

»Yallah!«, sagt jemand, der bisher noch gar nichts beigetragen hat. Halim.

»Was heißt das?«, will ich wissen.

»Schnell!«, antwortet er.

»Yallah, yallah!«, wiederhole ich. Was für ein schönes Wort.

»Ihr seid doch die Fußball-Cracks«, wehrt Simon sich. Mehr und mehr bekomme ich den Eindruck, dass er doch nicht so schnell Kopfrechnen kann, wie er immer behauptet.

»Wie viele Sekunden hat eine Minute?«, gibt uns Frau Petersen einen Tipp.

Die andere Gruppe hat das Ergebnis offenbar schon und es auf einen Zettel geschrieben.

»60«, sage ich.

»Ach sooooo!« Simon sagt das so wichtigtuerisch, als sei es nun ein Leichtes, das Ergebnis rauszubekommen.

Noch nie habe ich darüber nachgedacht, wie viele Sekunden ein Fußballspiel dauert. Höchstens, wenn wir mit einem Tor führen, dann hofft man, dass es nur noch wenige Sekunden sind.

»Dann müssen wir 90 mal 60 rechnen«, brüllt Maja.

»Nicht so laut!«, belehrt Luca sie. »Die anderen sollen das mal schön selbst rauskriegen.«

Das haben sie längst, so sehr wie Nina, Ebba und Anton lachen.

Maja hat 90 mal 60 auf einen Zettel geschrieben. Jeder von uns ruft Zahlen in den Raum, leider alles unterschiedliche.

Halim sitzt inzwischen wieder ruhig auf seinem Stuhl und beobachtet das Geschehen. Er malt etwas in sein Heft.

»900!« Luca verschluckt sich fast vor Aufregung und bekommt einen Hustenanfall. Ich halte ihn an der Kapuze seines Sweatshirts fest, damit er das nicht wieder laut reinruft. Auch wenn ich die richtige Antwort nicht kenne, die von Luca ist garantiert falsch.

»Dann 54!«, glaubt Maja.

Das klingt unlogisch. »Es können doch nicht weniger Sekunden als Minuten sein, oder?«, gebe ich zu bedenken.

»Wenn ihr so weitermacht, dann muss ich gleich abpfeifen, weil 90 Minuten rum sind«, neckt uns Frau Petersen. Sie meint das aber nie böse, möchte uns nur ein bisschen Dampf machen.

»Fred!« Eine leise Stimme dringt in meine Ohren. Ich habe noch nie gehört, dass Halim meinen Namen ausspricht. Erst »yallah«, jetzt das!

»Ja?« Ich beuge mich zu ihm hinunter. Er reicht mir einen Zettel, auf dem 5.400 steht.

Ich bin echt baff. Im Arabischen schreibt man nicht wie im Deutschen von links nach rechts, sondern von rechts nach links, und deren Buchstaben sehen auch ganz anders aus, es sind eher Zeichen. Deswegen muss es für Halim extrem schwierig sein, deutsche Wörter zu lesen. Er sagt im Unterricht eh so gut wie nie etwas. Die arabischen Zahlen sehen auch anders aus als die, die wir benutzen. Die 1 und die 9 sehen unseren Zahlen vielleicht ein wenig ähnlich, aber wie soll Halim die deutschen Zahlen gelernt und dann auch noch richtig gerechnet haben?

Bisher weiß ich gar nicht viel über ihn, fällt mir auf. Vielleicht war er vorher auf einer anderen Schule. Papa hat mir erklärt, dass geflüchtete Kinder erst mal in eine Klasse kommen, in der sie Deutsch lernen. Ob sie es dann sprechen, ist eine andere Sache.

Ich drücke Luca den Zettel in die Hand und bin mir sicher, dass die Antwort stimmt.

Luca macht große Augen, liest aber die Zahl vor: »5.400?« Bei ihm klingt es nicht wie eine Aussage, sondern wie eine Frage.

»Sehr gut!«, lobt Frau Petersen.

Nina hält jetzt den Zettel mit derselben Antwort hoch.

»Sag ich ja«, meint Simon und am liebsten würde ich ihm von hinten ein wenig gegen sein Bein treten. Was für ein Angeber.

»Das hat Halim ausgerechnet!« Ich deute auf meinen Freund, der grinst.

Frau Petersen lächelt zurück und streckt den Daumen in die Höhe.

»Damit steht es 1:1 zwischen den Fußballerinas und den Sané-Schnitten«, verkündet unsere Lehrerin und kommt zur nächsten Frage. »Denkt dran: Ihr könnt euch innerhalb unserer Klassenräume bei jeder Frage Hilfe holen. Also: Wie viele Fünf- und Sechsecke hat ein Fußball?«

»Fünf- und was für Ecke?« Luca hat Panik im Blick.

An die Tafel malt unsere Lehrerin uns auf, wie diese Ecken überhaupt aussehen.

Wir halten alle kurz die Luft an, weil wir jeder natürlich schon mal einen Ball gesehen, aber noch nie nachgezählt haben.

Dass es Fünf- und Sechsecke sind, hätte ich aus dem Kopf auch nicht gewusst.

»Woher sollen wir das wissen?«, schreien alle durcheinander. Auch die andere Gruppe hat keine Ahnung. Da spielen wir schon einmal pro Woche Fußball, aber trotzdem hat noch nie jemand drauf geachtet.

»Sie hat gesagt, wir können uns Hilfe holen«, wiederholt Tom. Was meint Frau Petersen damit? Auf einmal fällt es uns ein. Bevor wir alle losflitzen können, hält Frau Petersen uns zurück. Nicht, dass es zur Massenkarambolage kommt.

»Pro Team nur einer, bitte!«

Ich renne los, gemeinsam mit Ebba für die Fußballerinas. Sie ist echt schnell.

»Yallah, yallah!«

Im Flur liegt der Ball für das Fußballspielen auf dem Schulhof. Dahin wollen wir. Ebba und ich stürzen uns drauf und greifen gleichzeitig zu.

»Fred, ich habe ihn.«

»Ich auch!«, sage ich. Ihre Augen leuchten, sie mag das Spiel. Ebba, mit der ich Handball in ihrem Garten gespielt habe, die mir das größte Stück vom Pfannkuchen abgegeben und einen Elch-Aufkleber geschenkt hat. Ich tue so, als wenn ich ausrutsche und rufe »Mist!«. Dabei lasse ich den Ball los. Ebba hält ihn in der Hand und läuft damit freudestrahlend zu ihrer Gruppe.

Nina, Ebba und die anderen zählen schon eifrig, was nicht so einfach ist, weil man den Ball dabei drehen muss und nicht vergessen darf, wo man angefangen hat.

Simon, Luca und der Rest sehen mich enttäuscht an.

»Wie konntest du den Wettlauf verlieren?«, tadeln sie mich. »Du bist doch gar nicht so lahm!« »Was ist denn mit dir los?« »Wie sollen wir das jetzt rauskriegen?«

Mir ist es egal, dass ich verloren habe. Ich öffne die Tür zum Abstellraum, gehe hinein und komme kurz darauf mit einem flauen Fußball zurück. Den hat mein Papa mal vom Dach der Kantine geholt.

»Der liegt da wahrscheinlich schon, seit Deutschland Weltmeister geworden ist«, hatte er gemeint, als er das kaputte Ding runtergeworfen hat.

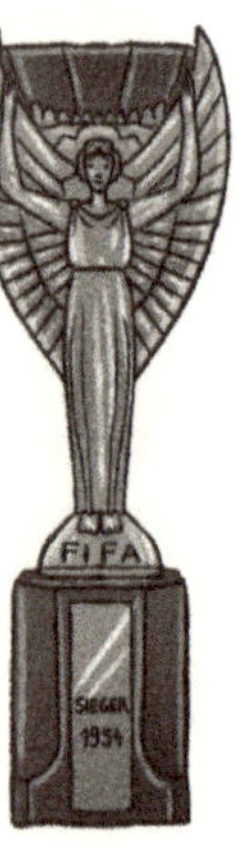

Egal. Die Ecken kann man trotzdem noch zählen. Simon bewältigt die Aufgabe ungefähr so schnell, wie ich normalerweise sprinte.

Zwölf Fünfecke und 20 Sechsecke schreibt er auf einen Zettel und gibt ihn Luca.

»Macht zusammen 32«, erklärt Luca stolz. Das war zwar nicht die Frage, aber er wollte eben auch mal zeigen, was er so draufhat. Ich mag Luca. Er ist wenigstens immer lustig.

Die andere Mannschaft ist auf zwölf Fünfecke und 25 Sechsecke gekommen. Offenbar haben sie einiges doppelt gezählt.

Wir führen 2:1.

»Aber weil Ebba schneller den Ball hatte, bekommt ihr auch einen Punkt, damit geht es 2:2 aus«, entscheidet unsere Lehrerin.

Helle Aufregung im Klassenraum, weil viele aus unserem Team das überhaupt nicht fair finden.

Frau Petersen legt den Finger an den Mund.

»Beruhigt euch. Es geht nicht immer nur ums Gewinnen«, sagt sie. »Es geht darum, dass es euch Spaß gemacht hat und ihr im Team geraten habt.«

Das hätte eins zu eins aus Papas Mund kommen können. Er predigt auch ständig, dass wir als Mannschaft zusammenspielen sollen. Eben, als Ebba und ich zum Ball gestürmt sind, habe ich mich an die Vorgabe gehalten, finde ich, und sehr gut abgespielt. Papa wäre stolz auf mich.

13. Kapitel

32 Fünf- und Sechsecke schiebe ich vor meinem Fuß in Richtung Schulhof. Simon rennt neben mir her.

»Wie lange trainieren wir heute?«, fragt er meinen Vater, als er bei den Bänken unter der Eiche ankommt. Wir schmeißen unsere Schulranzen, Jacken und Trinkflaschen auf, neben und unter die Bank. Papa verdreht die Augen.

»So wie immer. Eineinhalb Stunden, also 90 Minuten!«

»Wie viele Sekunden sind das?«, schießt Luca forsch hinterher. Alle freuen sich unbändig, dass wir meinen Papa testen können.

»Ich bin doch hier nicht, um Mathe zu lernen!«, ruft er gespielt entrüstet.

»Sag mal! Sag doch mal!« Wir hüpfen um ihn herum. »Du weißt es nicht, du weißt es nicht«, rufen wir im Chor.

»Was soll das überhaupt? Von wem wisst ihr das?«, fragt Papa nach. Ich kenne ihn ja schon ein paar Tage und weiß, dass er solche Fragen stellt, um Zeit zu schinden und schnell nachzurechnen.

»Die da hat uns das gefragt!« Luca zeigt auf Frau Petersen, die in ihrem Fußball-Trikot erscheint. Das heißt wohl, dass sie es vorhin ernst meinte.

»Ich muss euch enttäuschen!«, beginnt Papa. Die anderen lachen, weil sie sich freuen, dass er es nicht rausgekriegt hat. »Ich weiß es leider doch: 5.400! Hat aber ein bisschen gedauert. Mein Mathe-Hirn ist etwas eingerostet.«

»Egal, sehr gut!« Frau Petersen nickt anerkennend. »Eins mit Sternchen! Aber die Kinder waren wirklich flinker.«

»Halim hat das ausgerechnet!« Ich schaue mich um und suche nach ihm. Woher er die Lösung kannte, ist mir immer noch ein Rätsel. Und noch was kapiere ich nicht: »Wo ist er denn? Halim?«

Schnell blicke ich von Kind zu Kind. Da sind Noa, Simon, Anna, Ebba, Luca, die anderen Mädchen, aber nirgends ist Halim.

»Weißt du, wo er ist?«, frage ich unsere Lehrerin.

»Vielleicht musste er nach Hause.«

Das kann ich mir nicht erklären. Seine Eltern haben doch unterschrieben, dass er zum Fußball kommen darf. Vorhin habe ich ihn auch noch nach seinen Sportsachen gefragt. Es könnte sein, dass er das nicht verstanden hat. Seit er allerdings diese schwierige Mathe-Aufgabe gelöst hat, denke ich, dass Halim ein Zauberer sein könnte.

Ich bin traurig, dass er nicht da ist, und mache mir auch ein kleines bisschen Sorgen, ob ihm was zugestoßen sein könnte.

»Dann wollen wir mal keine der 5.400 Sekunden verschwenden!«, macht uns Papa Beine.

Frau Petersen stellt sich ins Tor. Ich finde, dass wir riesiges Glück mit unserer Lehrerin haben. Frau Matuschke, die Klassenlehrerin aus der 3a, ist da ganz anders. Als ihr der Ball in einer Pause mal fast an den Kopf geflogen wäre, hat sie ihn einkassiert. Frau Petersen musste sie lange überreden und dreimal Flip-Chart-Stifte spendieren, bis die Matuschke ihn wieder rausgerückt hat. »Schreckschraube!« hat sie jemand mal genannt.

Es läuft gut heute, wir rennen überhaupt nicht mehr so wild durcheinander, jeder weiß in etwa, wo er stehen soll. Ich bemühe mich, den Ball schnell abzuspielen. Von Tom bekomme ich ihn zurück, ein Doppelpass, ich schieße, aber Frau Petersen hält den Schuss.

»Nicht schlecht, Frau Specht!«, sagt Papa.

»Wenn ich ihn nicht halte, gibt's 'ne Beule, Herr Eule!«, gibt sie zurück, worüber mein Vater lacht. Er hat eine Trillerpfeife im Mund und macht den Schiedsrichter. Zwischendurch gibt er uns Tipps, wie wir den Ball noch schneller spielen können und wie wir laufen sollen, um den Gegner auszutricksen.

»Getränkepause«, ruft Papa später und sammelt den Ball ein. Wir schnappen uns die Trinkflaschen, meine ist aus Versehen ins Blumenbeet gerollt. Unauffällig ziehe ich sie heraus. Papa flippt aus, wenn er sieht, dass wir unsere Flaschen irgendwo in der Weltgeschichte umherwerfen.

»Alles im Griff, Fred?« Papa sieht einfach alles. Und weiß alles. Der weiß zum Beispiel schon, dass ich meine Mütze vergesse, bevor ich überhaupt die Wohnung verlassen habe.

»Ja, alles gut!«, gebe ich zurück. Und um abzulenken, füge ich hinzu: »Können wir dir vielleicht doch mal eine Flasche vom Kopf schießen?«

Luca ist sofort Feuer und Flamme.

»Was für 'ne Flasche? Wie krass ist das denn? Dürfen wir?«

Papa sieht mich so an, als wolle er später noch ein Hühnchen mit mir rupfen.

»Bitte, bitte, bitte!«, betteln alle. Keiner hat eine Ahnung, was genau gemeint ist, es klingt aber witzig.

»Das hat ein syrischer Junge mit seinem Papa gemacht«, erkläre ich.

»Der will aber auch mal bei Real Madrid spielen.«

»Ich auch!« Luca meldet sich sofort. »Oder Barcelona. Oder Juventus Turin, die haben so coole Trikots.«

»Und ich will zu Liverpool.« Das war Tom.

»Paris Saint-Germain.« Noa zieht es nach Frankreich.

»Habt ihr denn alle schon euren Profivertrag unterschrieben?«

Die anderen verstehen oft nicht, dass Papa so was nur sagt, um einen Witz zu machen.

»Geht das schon?« Luca ist angefixt.

»Na, zwei, drei Jahre solltet ihr schon noch warten«, flachst Papa. »Mal ehrlich, es gibt schon einige Spieler, die mit 15 oder 16 in Fußball-Akademien geholt werden, aber bis dahin habt ihr noch viel Zeit.«

»Dann werde ich richtig reich!«, fasst Luca den für ihn wichtigsten Punkt zusammen.

»Kennt ihr einen Spieler, der schon seit der Jugend immer im selben Verein war?«, fragt mein Vater in die Runde.

»Manuel Neuer?«, tippt Tom.

»Oh, nein, der war bei Schalke, bevor er zu Bayern gegangen ist. Messi meine ich. Seit er 14 ist, spielt er bei Barcelona.«

»Und wo hast du in der Jugend gespielt? Auch in Italien?« Luca will es jetzt genau wissen.

Mein Vater dreht sich zu seiner Tasche um und kramt Schokoladen-Kekse heraus.

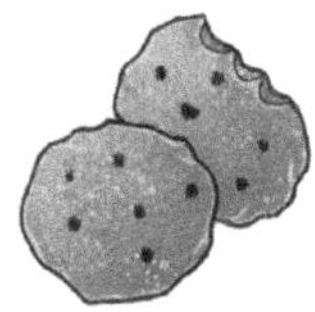

»Also erst mal ist das Spanien und nicht Italien. Aber nein, da nicht. So hier und da!«

Frau Petersen runzelt die Stirn. Ob sie über Papas angebliche Fußball-Karriere Bescheid weiß?

»Wenn du viel mit uns trainierst, werden wir auch so gut.« Simon überschätzt meinen Vater gewaltig.

»Komm, wir machen das mit den Flaschen!«, schlägt Papa vor. Das ist ein Trick, damit niemand mehr nach der Nationalmannschaft fragt. »Wer es schafft, kriegt einen Euro!«

Er schnappt sich meine Flasche, balanciert sie auf dem Kopf und bittet Anna zu versuchen, sie vom Kopf zu schießen.

Papa ist schlau. Er weiß, dass Anna gar nicht so weit und hoch schießen kann. Und richtig. Sie trifft Papas Füße.

Simon ist der Nächste. Er trifft mit Schmackes den Ball, schießt ihn aber weit am Kopf vorbei.

»Fred, versuch du mal!«

Was soll ich tun? Einerseits habe ich richtig Lust, andererseits möchte ich aber auch nicht das Ohr meines Papas treffen. Genau in die Richtung geht dann auch mein Schuss. Papa fängt den Ball ab und lächelt mich an.

»Guter Schuss!«

Ebba nimmt den Ball in die Hand und versucht, die Flasche runterzuwerfen. Sie kommt ganz schön weit. So ein Fußball ist aber auch viel größer als ein Handball und daher schwieriger zu werfen.

»Super, Ebba!«, lobt er. »Wollen Sie mal?« Papa reicht Frau Petersen den Ball. »Ich hoffe, Sie sind gut versichert«, sagt er noch, dann nimmt sie Anlauf und trifft Papas Arm. Er lacht und meint: »Sie sind mir so ein Wilhelm Tell!«

Wer soll das sein?

Ganz Lehrerin erklärt Frau Petersen es sofort. »Wilhelm Tell war ein Freiheitskämpfer aus der Schweiz. Die Legende sagt, man soll ihn gezwungen haben, mit einer Armbrust einen Apfel vom Kopf seines Sohnes zu schießen.«

»War das nicht gefährlich?«

»Ja, aber er hat es geschafft«, beruhigt uns Frau Petersen. »Dagegen ist das hier gar nichts! Wer hat noch nicht?«

Luca will noch mal. Er nimmt einen riesigen Anlauf, trifft den Ball so gut, dass der vom Boden abhebt und von der Schulter meines Vaters abprallt, dabei hüpft er hoch zum Kopf. Mein Vater dreht den Kopf zur Seite und schon fliegt die Flasche runter.

»Jaaaaaaaaaaaa!« Luca springt in die Luft, umarmt mich und fragt dann Papa, ob er sich wehgetan hat.

»Nein, gar nicht, nur mein Portemonnaie hat sich wehgetan«, sagt der lachend und drückt Luca ein Ein-Euro-Stück in die Hand.

»Na, dann kann der nächste Urlaub ja kommen.« Frau Petersen zwinkert uns zu.

Die Eltern trudeln ein, das heißt, dass es das wieder war für heute. Es hat sehr viel Spaß gemacht, aber meine Gedanken kreisen um Halim. Wieso war er nicht da?

»Papa, kannst du vielleicht Frau Petersen fragen, wo Halim wohnt. Ich finde das merkwürdig!«

»Ja!«, finden auch Luca und Tom. »Wir wollen auch wissen, was mit ihm ist.«

»Okay«, sagt Papa und redet leise mit unserer Lehrerin.

Danach sammeln wir unsere Sachen ein und verabschieden uns.

»Hast du die Adresse?«

»Ja, habe ich. Es ist nicht weit von hier. Eine Unterkunft für Geflüchtete.«

Ich überlege kurz.

»Bis zum Abendessen dauert es doch noch, oder?«

»Das stimmt, etwa zwei Stunden«, antwortet Papa.

Wir gehen ein paar Schritte, ohne etwas zu sagen, bis ich einmal tief durchatme.

»Können wir bitte zu Halim nach Hause gehen und schauen, was da los ist?«

14. Kapitel

Man kann ja viel über Papa sagen. Dass er schimpft, wenn ich mir nicht ordentlich die Zähne putze, Schokolade auf dem Sofa verschmiere oder meine Spielsachen nicht gut wegräume. Aber wenn es darum geht, anderen zu helfen, ist auf ihn immer Verlass.

»Wir können mit dem Fahrrad fahren.«

Unsere Sportsachen haben wir zu Hause abgeliefert und Mama darüber informiert, dass wir noch einen kleinen Ausflug machen wollen.

Sie saß am Computer und hat von zu Hause aus gearbeitet.

»Ich kann dir nicht versprechen, dass wir dort überhaupt reinkommen und ihn finden«, drosselt Papa meine Erwartungen.

»Wir gucken mal, oder?«

Ich bin sehr aufgeregt, weil ich nun zum ersten Mal eine Unterkunft für Geflüchtete sehe.

»Wer wohnt da alles?«, frage ich Papa.

»Nicht nur Leute aus Syrien, auch aus anderen Ländern. Es ist nicht weit vom Flughafen entfernt.«

Als er das sagt, erinnere ich mich daran, wie ängstlich Halim war, als das Flugzeug über die Schule geflogen ist. In der Wohnung hört er dann wohl häufiger welche. Hoffentlich ist es nicht so schlimm für ihn und er gewöhnt sich schnell dran.

Der Weg zur Unterkunft ist sehr schön und führt an einem Wald entlang. Hier in der Nähe war ich schon ein paar Mal mit Papa. Da gibt es ein tolles Café, von dem aus man die Flugzeuge starten und landen sehen kann.

Vielleicht kann ich mit Halim mal dahin.

»Hier ist es«, sagt Papa nach einer Weile. »Das war vorher eine Jugendherberge. Das weiß ich noch.«

Wir stehen vor einem Zaun. Das Tor ist geöffnet und führt in eine Wohnanlage mit mehreren Häusern, die hellblau und gelb gestrichen sind. Vor jedem steht ein kleiner Fahrradschuppen und davor eine Wand, an der ein Briefkasten neben dem anderen hängt.

»Da wohnen aber viele!«, sage ich.

»Ja, aber guck mal, mit Küche und allem.« Papa deutet auf ein erleuchtetes Fenster, hinter dem ich einen Herd sehe.

»Die Häuser sehen ein wenig aus wie die roten Häuser, die bei Ebbas Eltern auf den Bildern an der Wand hängen, Schwedenhäuser«, erkläre ich meinem Papa. Ich greife nach seiner Hand. Unsere Räder haben wir vor dem Eingang abgestellt.

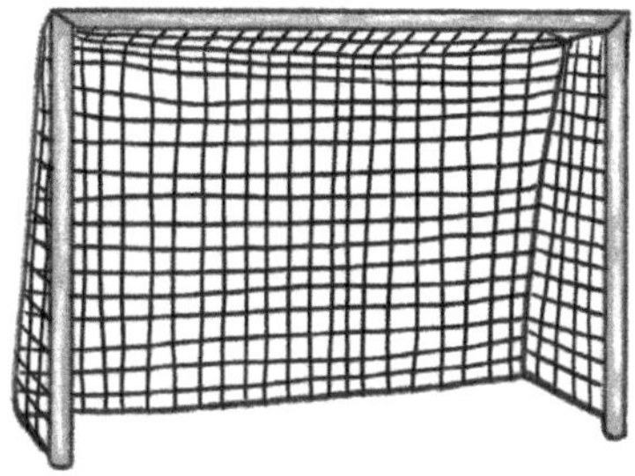

»Guck mal, ein Fußballfeld!« Ich glaube, ich sehe nicht richtig. In der Mitte, zwischen all den Häusern, ist ein kleiner Platz mit echten Toren. »Dahinten sind auch Tischtennisplatten.«

»Das ist bestimmt noch aus der Zeit, als hier Jugendliche Ferien gemacht haben«, überlegt Papa.

»Wie toll!«

»Komm, wir fragen mal nach Halim.« Papa zieht mich in Richtung eines Mannes, der gerade an der kaputten Klappe eines Briefkastens schraubt.

»Adil« steht auf einem Schild, das am Kittel des Mannes befestigt ist.

»Entschuldigen Sie, wir suchen einen Klassenkameraden meines Sohnes, können Sie uns vielleicht helfen?«

Der Mann streckt sich und sieht uns freundlich an. »Bestimmt. Ich reparier nicht nur die Briefkästen und Fahrräder, ich kenne hier eigentlich jeden.«

»Halim heißt er«, platze ich heraus. »Er ist neun.«

»Ah, na klar, Halim kenne ich. Er wohnt in Nummer 46, dahinten in dem gelben Haus.«

»Dürfen wir einfach hingehen und klopfen?«, erkundigt sich Papa.

»Ja, kein Problem. Dem Jungen ist ja leider gerade sein Fahrrad geklaut worden, deswegen habe ich vorhin noch mit ihm gesprochen.«

»Oh, echt? Das ist ja total blöd.«

»Wo ist es denn gestohlen worden?«, erkundigt sich Papa.

»Vor einem Laden. Ich weiß nicht, ob er es richtig abgeschlossen hat. Jedenfalls konnte er deswegen in den letzten Tagen nicht mit dem Fahrrad zur Schule.«

»Wie kommt er dann hin?«

»Am Anfang, als die Geflüchteten hier in die Häuser kamen, haben sich sehr viele Nachbarn gekümmert. Das war richtig schön. Sie haben auch die Kinder zur Schule gefahren. Inzwischen haben eigentlich alle hier ihre Fahrräder oder Bustickets. Aber so ein, zwei Nachbarn fragen immer mal wieder nach, ob sie helfen können. Eine Dame hat Halim gefahren.«

Ahhh, das war also die Frau in dem großen Auto. Ich finde es richtig toll, dass sie das für Halim gemacht hat. Auch wenn mir das mit seinem Fahrrad total leidtut, bin ich erleichtert, dass der Mann mit Halim geredet hat, das bedeutet ja, dass es ihm gut geht und nichts Schlimmes passiert sein kann. Ich möchte sofort zu seiner Wohnung gehen. Aber Papa redet noch mit Adil.

»Wie viele Menschen wohnen hier eigentlich?«

»So ungefähr 360 Menschen. Wir haben 16 Häuser, in jeder Wohnung stehen sechs Betten. Da wohnt entweder eine ganze Familie zusammen oder es ist eine WG.«

»Und Halim lebt dort mit seinen Eltern?«, hakt Papa nach.

»Ja, genau. Unbegleitete Minderjährige dürften gar nicht hier sein. Die sind in einer anderen Unterkunft. Halim ist ein wirklich netter Junge. Ich habe bei der Familie auch schon mal etwas in der Küche repariert.«

»Dann sind Sie ja der Engel vom Dienst!«, meint Papa.

Der Mann lacht laut los. »Das klingt ja wie in einem Gedicht. Meine Bezeichnung ist TD, Technischer Dienst, das klingt nicht mehr ganz so romantisch. Im Grunde bin ich der Hausmeister.«

»Toll, dass du dich um alles kümmerst«, sage ich.

»Oft helfe ich auch beim Übersetzen.«

»Stammen Sie auch aus Syrien?«, fragt Papa.

»Ja, ursprünglich schon, bin aber schon sehr, sehr lange hier. Und Halim zum Beispiel kann schon ganz gut Deutsch, traut sich aber noch nicht so recht, zu reden.«

»Aber er ist richtig gut in Mathe!«, rufe ich und erinnere mich daran, wie Halim einfach so die richtige Lösung auf den Zettel geschrieben hat.

»Das stimmt. Er ist sehr schlau, deswegen ist er ja auch in eure Klasse gekommen«, bestätigt Adil und zwinkert mir zu.

Eine Sache brennt mir noch auf den Nägeln, bevor wir gehen: »Spielt ihr hier manchmal Fußball zusammen?«

»Ja, klar. Der Platz ist gut, oder? Das ist wirklich eine schöne Unterkunft. Ich habe auch schon mal mit den Kindern gespielt. Bin nicht so der super Fußballer, aber hat Spaß gemacht.«

»Dürfte ich hier mit Halim spielen?«, frage ich.

»Na klar, wieso nicht?«

Kurz darauf klopfen wir an Halims Tür in dem gelben Haus.

Er öffnet und macht große Augen.

»Fred, hallo!«, sagt er erstaunt und ein Lächeln erscheint auf seinem Gesicht. Auch Papa lächelt er schüchtern an.

Etwas unentschlossen stehen wir im Türrahmen, als von hinten aus der Wohnung noch jemand angelaufen kommt. Ein etwa fünfjähriges Mädchen.

»Wer bist du denn?«, will Papa wissen. Sie guckt nur groß, sagt aber nichts.

»Meine Schwester«, erklärt Halim. »Leyla!«

»Hallo, Leyla!« Papa kneift ein Auge zu und geht in die Knie. »Na, was macht ihr?«

Leyla tippt ihn an die Schulter und verschwindet in der Wohnung.

»Sie spielt verstecken!« Jetzt bin ich erstaunt. Ich habe noch nie gehört, dass Halim so viel redet. Aber Adil meinte ja eben, dass sein Deutsch gut sei.

»Soll ich sie suchen?«, frage ich und deute ins Innere.

»Ist gut!« Halim öffnet die Tür jetzt ganz und lässt uns rein.

»Seid ihr alleine?«, fragt Papa.

»Ja. Baba ist bei der Arbeit.«

Ich sehe mich um. Eine Küche, ein Bad und drei weitere Zimmer kann ich erkennen. Wie Adil erklärt hat.

»Das ist unser Zimmer.« Halim zeigt uns sein Zimmer, in dem zwei Betten und ein Tisch stehen. Unter dem Bett sehe ich ein Bein von Leyla. Da hat sie sich also versteckt.

»Leyla, wo bist du?«, rufe ich und grinse mit Halim um die Wette, dem aufgefallen ist, dass ich sie bemerkt habe.

An der Wand hängen ein paar selbst gemalte Bilder und Fotos.

Eines könnte seine Eltern zeigen. Ich traue mich aber nicht zu fragen. Nachdem Papa mir die Geschichte über den Krieg in Syrien erzählt hat, möchte ich nichts Falsches fragen, was Halim traurig machen könnte. Vielleicht ist es jemand, der nicht mehr lebt oder noch in Syrien ist.

»Geht's dir denn gut?« Papa sieht Halim freundlich an.

»Ja, gut!«, sagt er.

»Wieso bist du nicht zum Fußball gekommen?«

Halim zeigt auf das Bein unterm Bett. »Muss Leyla aufpassen. Mama lernt Deutsch.«

Ach so. Ich verstehe.

»Ist sie bei einem Kurs?«

Halim nickt. »Die anderen sind nicht da.« Er geht auf den Flur und deutet auf die dritte Tür. »Da wohnen Enisa und Baschar.«

»Ist das eine WG?«, frage ich Papa. Der nette Mann unten, Adil, hatte von einer WG gesprochen. Was das genau ist, weiß ich nicht.

»Ja, eine Wohngemeinschaft«, erklärt Papa. »Hier sind sechs Betten und wenn deine Familie zu viert ist, kommen noch andere dazu.«

Halim nickt eifrig. »Sie passen Leyla auf, heute nicht!«, sagt er.

Ah, weil die beiden anderen nicht da sind, konnte Halim nicht zum Schuhofu kommen. »Aber Fußball toll!« Halim strahlt und blickt Papa an.

»Kannst du nächstes Mal wieder kommen?«

»Hoffe ich!«, sagt er. »Dann Enisa und Baschar da.«

Das klingt nach einer großen Familie, wo jeder auf jeden aufpasst.

»Gut. Wir freuen uns auf dich.« Papa setzt ein verschmitztes Lächeln auf. »So, wo steckt denn nun

Leyla?« Wir hören ein leises Kichern, das immer lauter wird. Unterm Bett bewegt sich etwas, nicht gerade leise. »Ich sehe sie gar nicht!«, sagt Papa, geht in die Knie und bedeutet uns, das Gleiche zu tun.

Auf sein Zeichen hin ziehen wir zu dritt Leyla unterm Bett hervor. Sie kreischt und lacht und zappelt.

»Da ist sie ja!« Papa hat sie jetzt auf dem Arm. Leyla lacht weiter und strampelt mit den Beinen.

»Hast du einen Ball?« Ich mache mit meinem Fuß eine Bewegung, obwohl ich mir seit eben im Klaren darüber bin, dass Halim viel mehr versteht, als ich bisher dachte.

»Adil!«, antwortet er.

»Dürfen wir noch ein bisschen Fußball spielen?« Ich hoffe, Papa sagt Ja. Er blickt auf die Uhr, tippt eine Nachricht in sein Handy und nickt.

»Wieso nicht.«

Halim hilft seiner kleinen Schwester dabei, die Schuhe anzuziehen und schon laufen wir los.

»Ah, dann habt ihr euch ja gefunden«, begrüßt uns Adil.

»Ja, und Leyla haben wir auch gleich mitgebracht.«

Sie hält sich mit einer Hand an Papas Hose fest. Das finde ich süß, habe ich früher auch gemacht, als ich noch kleiner war.

Halim fragt Adil etwas auf einer anderen Sprache,

wahrscheinlich ist das Arabisch. Adil antwortet auf Deutsch, damit wir auch verstehen, worum es geht.

»Ja, der liegt dahinten im Schuppen!«

So schnell wie ich heute früh beim Fußball-Quiz in den Vorraum gesprintet bin, flitzt Halim nun zum Schuppen.

»Yallah!«, rufe ich ihm hinterher. Ich glaube, das könnte mein neues Lieblingswort werden. Adil scheint das lustig zu finden.

Obwohl Papa heute schon mit den anderen aus meiner Klasse trainiert hat, stellt er sich ins Tor und lässt Halim und mich ein paar Bälle schießen.

»Auch!« Leyla schnappt sich den Ball und tritt dagegen, mit drei Versuchen kommt sie bis ans Tor ran und überwindet Papa. Er lässt sich absichtlich in die falsche Ecke fallen, sie trifft und freut sich so, als hätte sie gerade einen ganzen Einkaufswagen voll mit Schokolade und Chips gewonnen.

Am Spielfeldrand taucht ein Mann auf, der ungefähr so alt ist wie Papa.

»Baba!«, ruft Halim und läuft zu seinem Vater.

Mein Papa tritt aus dem Tor heraus und begrüßt den Mann.

»Hallo, ich bin Olaf, der Vater von Fred!«

Ich lächele den Mann an, er lächelt zurück.

»Ich bin Djamal. Spielen Sie Fußball in der Schule mit den Kindern?«

Papa nickt. »Ja, einmal in der Woche. Halim ist heute nicht gekommen, deswegen wollten wir gucken, ob es ihm gut geht. Hoffentlich ist das in Ordnung für Sie?«

Er nickt. »Ja, ich war bei Arbeit und Mama von Halim im Deutschkurs. Muss ich auch hin!« Er zieht eine Grimasse und grinst. »Deswegen Halim bei Leyla heute! Danke, dass Sie spielen mit Kindern.«

»Halim ist sehr gut!«, sage ich.

»Er kommt wieder. Die beiden anderen passen auf Leyla auf.«

Er spricht zwar langsam Deutsch, aber ganz gut. Auch der Hausmeister Adil hat sich neben uns gestellt und übersetzt manchmal ein paar Worte ins Arabische.

Papa fragt interessiert: »Kannten Sie die anderen beiden in Ihrer Wohnung schon?«

»Nein, haben wir hier in Hamburg getroffen. Erst waren wir in Erstaufnahme, dann hergekommen.«

Ich kann gar nicht glauben, dass Papa hier mit Halims Vater steht und sich unterhält. Bis vor Kurzem hatten wir seine Eltern noch gar nie gesehen und nichts über sie gewusst.

»Wir warten auf Antrag. Dann eigene Wohnung.«

Adil erklärt, dass er eine genehmigte Anerkennung meint, damit sie wissen, dass sie bleiben können. Früher wohnten hier in der Folgeunterkunft, so heißt das, nur geflüchtete Menschen, die nicht arbeiten durften. Das ist jetzt anders.

Djamal erzählt, dass er immer ganz früh morgens zur Arbeit geht und deswegen Halim nicht zur Schule bringen kann.

»Wo arbeiten Sie denn?«

»Auf einer Baustelle.«

»Er ist eigentlich Ingenieur!«, erklärt Adil, der Halims Vater wohl ganz gut kennt.

»Es sind auch Ärzte aus Syrien hier, die den Beruf momentan aber nicht ausüben können.«

Und Djamals Frau muss auf die kleine Leyla aufpassen, weil sie nicht in den Kindergarten geht. »Für alle Kinder ab sechs Jahren gibt es eine Schulpflicht, mit den Kitas ist das anders, nicht so einfach«, erklärt Djamal. Er tritt einmal gegen den Fußball und Halim und ich laufen los und versuchen, uns gegenseitig den Ball abzunehmen. Heute habe ich fast mehr Fußball gespielt, als still zu sitzen.

Papa und Djamal kommen dazu und spielen uns ein paar Pässe zu.

»Sollen wir Halim morgen mit dem

Auto abholen und zur Schule bringen, weil er doch kein Fahrrad hat?«, schlägt Papa vor.

Halim und ich nicken begeistert.

»Wirklich?«, fragt der Vater. »Er kann auch mit Bus!«

»Er könnte auch morgen nach der Schule mit zu uns kommen und bei uns essen.«

Halim sieht mich groß an. »Darf ich?«

Ich freue mich sehr und hoffe, dass sein Vater Ja sagt.

»Ja, danke! Meine Frau morgen da für Leyla.«

»Soll ich nachher noch mal eine WhatsApp schicken?« Papa deutet auf sein Handy.

»Ja, gerne. Aber wir haben hier kein WLan!«, sagt Halim. »Weil es im Wald ist. Ist manchmal schwer.«

»Na gut, dann sind wir auf jeden Fall um zwanzig vor acht morgen früh hier. Wann sollen wir ihn abends zurückbringen?«

Djamal überlegt. »Um sechs?«

Alle nicken. Am liebsten würde ich meinem Papa um den Hals fallen. Noch nie hat Halim so viel gelacht und gespielt. Wir verabschieden uns, ich fahre fröhlich neben Papa auf dem Fahrrad nach Hause.

»War das schön?«, will er von mir wissen.

Ich sage Ja und fahre eifrig weiter. Ganz schön doll Hunger habe ich. Kein Wunder, bei all dem Sport, den ich heute gemacht habe.

»Und weißt du was?« Papa fährt kurz mit seinem Rad auf meiner Höhe. »Ich habe über Halim nachgedacht und eine Idee für morgen! Mal sehen, ob es klappt!«

15. Kapitel

Wir klappen die Autotür zu. Halim sitzt neben mir auf dem Rücksitz. Papa redet mit Halims Mutter, die Leyla auf dem Arm hält und lächelt.

»Danke«, sagt sie immer wieder. »Shukran!«

»Shu-was?«, frage ich.

»Das ist Arabisch. Heißt danke!«

»Und was heißt Hallo?«

»Marhaba!«, erklärt mir Halim.

Ich wiederhole das Wort, es klingt sehr gut. Jetzt kann ich schon »Shukran, marhaba und yallah«.

Gerne würde ich mehr Arabisch sprechen können. Bisher hatten wir nur ein bisschen Englisch, das klappt aber schon ganz gut.

»Was heißt Tschüss?«

Vielleicht könnte Halim mir all das beibringen.

»Bai!«, antwortet er.

»Wie im Englischen«, rufe ich und tippe Papa aufgeregt von hinten an.

»Wird wahrscheinlich anders geschrieben«, vermutet er. »Nicht b-y-e.«

»B-a-i!«, buchstabiert Halim.

Ich sage zu seiner Mutter »bai« und dann fahren wir zur Schule. Mal sehen, wie die anderen reagieren, wenn Halim und ich zusammen ankommen und ich ihnen erzähle, dass er nach der Schule noch mit zu mir darf.

»Wir haben jetzt zu Hause eine Zuckerwattemaschine!« Luca ist in einem komplett anderen Film unterwegs, als wir uns vor unserem Klassenzimmer treffen. »Hat mein Vater gestern mitgebracht und sie gleich ausprobiert. Man muss nur Zucker reinkippen, einen Stab nehmen und schon hat man Zuckerwatte.«

Auf dem Hamburger Dom, dem Jahrmarkt, habe ich schon ein paar Mal Zuckerwatte gegessen und fand es sehr lecker. Auch wenn das meiste davon irgendwann im Gesicht festklebt.

»Ich hatte schon mal Zuckerwatte in den Ohren«, erzähle ich.

»Trinkst du Kakao auch mit den Ohren?«, fragt Luca lachend.

»Quatsch! Die Watte war nur so klebrig. Können wir das nächstes Mal bei dir essen?«

Luca sagt sofort zu.

»Darfst du Zucker essen, Halim?« Ich freue mich,

dass Luca neulich zugehört hat in der Pause, als es darum ging, was Muslime essen dürfen und was nicht.

»Zucker ist halal«, erklärt Halim.

»Was heißt das?«, wollen wir wissen.

»Halal bedeutet ›erlaubt‹. Was man essen darf: so wie Obst, Honig, Eier, Milch, Saft, Kaffee, Butter.«

Luca ist so aufgeregt wegen der neuen Zuckerwattemaschine, dass ihm gar nicht auffällt, dass Halim mehr gesagt hat als in den vergangenen Wochen zusammen. Finde ich irgendwie gut, dann kommt es Halim auch völlig normal vor.

»Lustiges Wort. Halal, so ähnlich wie dein Name«, witzelt Luca. »Halal Halim!«

»Halim ist erlaubt«, bedeutet das dann, erklärt Halim.

Lachend gehen wir in das Klassenzimmer hinein und wiederholen dabei immer wieder: »Halal Halim, Halal Halim!«

»Na, ihr habt ja gute Laune so früh am Morgen«, empfängt uns Frau Petersen, heute nicht im Fußball-Trikot, sondern im Kleid. Es ist schön warm, vielleicht können Halim und ich nachher draußen spielen.

»Wisst ihr, was am 20. September ist?« Frau Petersen schreibt das Datum an die Tafel.

»Schulfrei?«, antwortet jemand.

»Nein, wieso?«

»Nur so. Wäre cool gewesen.«

Unsere Lehrerin setzt sich auf den Rand des Pults.

»Eine Art Feiertag ist es. Weltkindertag!«

Das klingt nach was Gutem.

Anna meldet sich. »Was genau ist das?«

»Ein Tag, an dem auf die Rechte und Bedürfnisse von Kindern aufmerksam gemacht werden soll«, berichtet Frau Petersen. »In vielen, vielen Ländern wird er gefeiert. Auch in Deutschland gibt es tolle Aktionen. Habt ihr Lust, dass wir ein Kindertag-Klassenfest machen?«

Wir jubeln los, haben zwar keine Ahnung, was sie sich genau darunter vorstellt, aber die Aussicht auf eine Feier ist fantastisch.

»Das ist in drei Wochen. Wer hat eine Idee, was wir auf die Beine stellen könnten?«

»Zuckerwatte!«, ruft Luca laut.

»Okay, gute Idee!«, findet Frau Petersen.

»Wir haben eine Maschine dafür, seit gestern«, platzt er raus. Luca ist nicht mehr zu bremsen, futtert gedanklich schon zehn Zuckerwatten auf. »Und Halal darf es auch essen«, schwärmt Luca. »Zucker ist nämlich halim!« Atemlos blickt er in die Runde.

Frau Petersen schmunzelt.

»Wer darf es auch essen? Halal?«

»Äh, nein, Halim, habe ich doch gesagt.«

»Du hast Halal gesagt«, necken ihn Simon und Noa.

»Echt?«

Halim lauscht dem Durcheinander rund um seinen Namen und scheint sich darüber zu amüsieren. »Macht nichts!«, sagt Halim, damit sich alle beruhigen. In dem Moment muss ich an das »manis« von Ebba am ersten Tag denken. Das kommt mir vor, als ob es schon ewig her wäre. Was ist seitdem alles passiert!

»Okay, also Zuckerwatte haben wir schon mal!« Frau Petersen schreibt es an die Tafel mit Lucas Namen dahinter.

»Was fällt euch noch ein? Es wäre doch toll, wenn wir eine Aktion dazu starten, irgendein Event!«

»Wir können etwas vorführen«, schlägt Anna vor.

»Gut. Was denn zum Beispiel?«

»Ein Theaterstück?« Simon ist Feuer und Flamme für seinen Vorschlag.

»Gute Idee! Aber ich glaube, dass das etwas zu kurzfristig sein wird.« Frau Petersen hat recht. Wie sollen wir denn innerhalb von drei Wochen ein ganzes Theaterstück proben und aufführen? »Wenn ihr Lust habt, können wir das Weihnachten machen.«

»Au ja, brauchen wir dafür dann auch die Zuckerwattemaschine?« Ich wundere mich, dass Luca das Wunderding nicht gleich heute mit in die Klasse gebracht hat.

»Bestimmt. Damit können wir den Bart vom Weihnachtsmann nachbilden.« Frau Petersen ist wirklich lustig. Die Idee ist so gut, dass wir alle gern den Weihnachtsmann spielen möchten.

»Jetzt aber brauchen wir erst mal etwas für den Weltkindertag. Es geht ja um alle Kinder auf der Welt. Vielleicht fällt euch dazu was ein?«

»Wenn wir so viel Zuckerwatte futtern, müssen wir uns auch bewegen.« Neunmalklug Simon rechnet uns vor, wie viele Kalorien wir zu uns nehmen und wieder verbrennen müssen. Woher weiß der so was immer?

»Fußball!« Der Vorschlag kommt von Ebba. Natürlich. Warum bin ich nicht gleich darauf gekommen.

»Ja. Wir können eine Art Turnier veranstalten. Vielleicht gegen die anderen Klassen?«

Frau Petersen überlegt. »Wir würden die Feier nach Schulschluss machen. Ich weiß nicht, ob wir dann hier auf dem Schulgelände bleiben können oder ob da was anderes geplant ist. Aber draußen wäre natürlich gut.«

Plötzlich meldet sich Halim zu Wort. »Oder bei uns!«, sagt er.

Na klar!

Ich schlage mir mit der flachen Hand vor die Stirn. Der Fußballplatz vor Halims Unterkunft ist super.

»Ich war da gestern, es ist toll dort. In der Mitte der Häuser ist ein richtiges Fußballfeld.«

»Dürften wir den Platz denn nutzen, Halim?«

»Ich kann Adil fragen«, schlägt er vor.

Noch vor einer Woche hätte Halim keinen Mucks von sich gegeben, jetzt traut er sich schon, seine Ideen einzubringen. Ich erkläre, wer Adil ist, und komme mir sehr wichtig vor, weil ich mich so gut auskenne. Ich hoffe nur, dass ich nicht so wichtigtuerisch wie Simon klinge.

»Wir bringen Halim nachher nach Hause«, plappere ich weiter, weil ich wirklich sehr aufgeregt bin. »Er kommt nämlich nach der Schule mit zu mir zum Spielen. Dann können Papa, Halim und ich Adil fragen.«

Frau Petersen stimmt zu. »Ich könnte dort natürlich auch anrufen.«

»Sagen wir dir dann!«, bremse ich sie, weil ich der Meinung bin, das alles selbst regeln zu können, jetzt, wo ich so viele neue, wichtige Menschen kenne.

»Das würde ja sehr gut zum Weltkindertag passen. Da sind doch gewiss noch Kinder aus vielen anderen Ländern, oder?« Frau Petersen richtet sich jetzt an Halim.

»Ja, auch aus dem Irak, Iran, Afghanistan, Türkei«, zählt Halim auf.

»Da haben wir ja schon mal einige Länder zusammen.«

»Schweden ist auch dabei!«, meint Ebba. Leider hat sie innerhalb kürzester Zeit gelernt, wie man das »Sch« richtig ausspricht, vorher klang es irgendwie süß. Oh Gott, süß natürlich nicht, ich meine schöner. Genau, irgendwie schöner.

»Glaubst du, die anderen Kinder haben Lust, mit uns Fußball zu spielen, Halim?«

Er denkt nach. »Glaube ja. Die spielen alle gern Fußball.«

»Sie könnten was von der Zuckerwatte abbekommen. Dann brauchen wir aber mehr Zucker.«

Eines Tages wird Luca einen Zuckerwatte-Shop haben.

»Du wirst mal reich mit Zuckerwatte«, ist sich auch Frau Petersen sicher.

»Dein Laden kann ›Zappel-Lucas Zuckerschnute‹ heißen«, werfe ich in den Klassenraum.

»Meine Eltern haben mir neulich ein altes Lied vorgespielt von einem Moderator, der auch gesungen hat. Das Lied hatte einen total lustigen Namen.« Marie versucht sich zu erinnern. »Jetzt hab ich's: Wadde hadde dudde da?«

Wir krümmen uns allesamt vor Lachen. Das Wort »Wadde« ist bestimmt irgendwie anders gemeint, aber es passt so gut zur Zuckerwatte.

»Getränke brauchen wir noch. Und Fred, glaubst du, dein Papa könnte euer Team trainieren?«

»Wenn er nicht arbeiten muss«, antworte ich, bin mir aber sicher, dass er das irgendwie hinkriegt. Sein Chef in der Werbeagentur ist ganz nett.

»Würdest du denn bei uns mitspielen oder bei den anderen, Halim?« Noa stellt eine wichtige Frage.

»Bei euch natürlich!«, sagt Halim.

»Also gut!« Frau Petersen hat Zuckerwatte, Eis, Fußballturnier, Trainer Freds Vater und Getränke an die Tafel geschrieben. Das wird ein Fest!

16. Kapitel

Ebba winkt uns zu, als sie mit ihrer Mutter nach der Schule auf dem Fahrrad davonfährt. Noch aus einiger Entfernung erkenne ich den leuchtenden Elch. Eigentlich könnte sie auch mal zu mir nach Hause kommen. Heute aber spiele ich mit Halim. Mama holt uns ab und wir gehen zu Fuß nach Hause, weil Halim ja kein Fahrrad mehr hat.

»Kriegst du denn ein Neues?«, frage ich ihn. So ganz ohne Fahrrad ist es ziemlich doof.

»Vielleicht. Das von Leyla ist zu klein für mich«, erzählt Halim. »Sie braucht gar keins, geht nicht so oft weg.«

Auf dem Wohnzimmertisch stehen schon zwei Teller, in die Mama Milchreis füllt.

»Ist das halal?«, frage ich Halim und schon lachen wir wieder.

»Ja, das geht.«

Wir dürfen uns aussuchen, ob wir Himbeeren oder Blaubeeren auf den Milchreis kippen möchten. Ich nehme beides, Halim auch.

»Danke, schmeckt gut!«, sagt er.

Ich sehe meine Mutter an und füge »Shukran« hinzu.

»Schon lernt Fred Arabisch, das finde ich gut. Was wollt ihr denn gleich machen?«

»Dürfen wir schnitzen?«, bitte ich sie.

»Wenn Halims Eltern das erlauben. Ich kann versuchen, sie anzurufen.«

Ich halte mein Schnitzmesser in die Höhe und hoffe, dass er erkennt, was damit gemeint ist.

»Ja, gut!«

Es hat geklappt, Mama hat am Telefon das Okay bekommen.

»Du kannst das Messer von Papa haben.« Schließlich ist Halim ein bisschen größer als ich.

Hinter unserem Haus ist ein klitzekleines Waldstück mit ein paar Bäumen. Dort suche ich immer meine Stöcke aus, an denen ich rumschnitze. Mama kommt mit nach unten, zieht mich kurz zur Seite und bittet mich, heute mal keinen Speer oder Pfeil und Bogen zu schnitzen.

»Wieso nicht?«, will ich fragen, dann fällt mir aber ein, was Papa mir über die Waffen in Syrien erzählt hat und dass Halim davor Angst haben könnte. Mama hat recht, ich muss mir unbedingt was anderes einfallen lassen.

»Was ist dein Lieblingstier?«, frage ich. »Meine Lieblingstiere sind Wale und Falken!«

»Snakes mag ich!«, antwortet Halim auf Englisch.

Ich überlege ein bisschen. »Schlangen meinst du?« Ich bin ganz schön stolz, dass ich das Wort kenne. Er nickt. »Oh, echt?« Ich habe ein bisschen Angst vor Schlangen, was sogar noch untertrieben ist. Ich wüsste nicht, was ich täte, wenn mir eine über den Weg liefe. Papa hat mich im Urlaub einmal geärgert, einen Stock genommen und damit im Gras geraschelt. Das klang sehr echt, und ich habe mich richtig erschrocken. Mama ist sogar schreiend zur Seite gesprungen.

Stock?! Schnitzen?! Schlange?! Mir fällt es wie Schlangen-Schuppen von den Augen.

»Wir schnitzen eine Schlange!«

Während Mama sich in einen Stuhl setzt und ein Buch liest, suchen Halim und ich jeder nach einem Stock und setzen uns auf einen Baumstumpf.

»Könntet ihr mir einen Gefallen tun und euch keinen Finger abschneiden, sondern bitte vorsichtig sein!« Mama blickt kurz von ihrem Buch hoch. »Kein Krankenwagen, okay?«

Ja, ja. Nur weil ich mich einmal in den Daumen gepikst habe und drei Tropfen Blut herausgekommen sind.

»Wollen wir eine Kobra schnitzen?« Dadurch, dass Papa und ich so viele Tiervideos zusammen schauen, kenne ich mich mit Tieren ganz gut aus. Halim weiß nicht genau, was ich meine.

»Mama, kannst du auf deinem Handy mal eine Kobra zeigen, bitte?«

Sie googelt »Kobra« und zeigt uns Bilder. Halim ist begeistert bei der Sache und geht mit dem Messer ganz gut um. Mama könnte auch eigentlich wieder nach oben gehen. Das macht sie aber nicht, bestimmt, weil Halim zum ersten Mal bei uns ist.

»Vorne am Kopf muss es dicker sein für den Nacken«, bemerke ich. »Am besten so, dass da noch die runde Schnauze hinkommt.«

Es ist um einiges schwieriger, eine Kobra zu schnitzen als ein Schwert. Dafür mache ich immer nur die Borke vom Stock ab und schnitze eine Spitze am Ende. Bei der Kobra muss ich mich mehr anstrengen.

»Kobras sind doch giftig, oder?«, will ich von meiner Mutter wissen.

»Ja. Das sind Giftnattern.«

»Wenn die sich auf die Zunge beißen, sterben die dann an ihrem eigenen Gift?«

Mama braucht einen Moment, bis sie antwortet. »Nein, die sind gegen ihr eigenes Gift immun. Außerdem können sie sich gar nicht selbst beißen, weil der Kopf so gebaut ist, dass sie die Giftzähne erst dann ausfahren, wenn ihr Kiefer weit offen ist.«

Wenn Halim nicht da wäre, würde ich Mama fragen, ob sie das heimlich gegoogelt hat. Wir foppen uns gerne mal. Aber ich möchte nicht, dass Halim denkt, ich sage was Schlechtes über meine Mutter.

Es dauert bestimmt eine Stunde, bis wir beide etwas geschnitzt haben, das wie eine Schlange aussieht.

»Super!«, lobt Mama uns. »Eine Kobra hat ja auch diese gespaltene Zunge. Wie wollt ihr die hinkriegen?«

Ich strecke Halim die Zunge heraus und fasse mit meinem Finger an die Spitze, um zu demonstrieren, dass da ein Spalt drin ist.

»Ich weiß«, sagt Halim und geht zu einem Busch. »Darf ich?«, fragt er Mama.

»Okay!«

Er rupft vier Blätter ab, gibt mir zwei und behält zwei.

Diese legt er so übereinander, dass sie tatsächlich wie eine Zunge mit einem Spalt aussehen.

»Wie wollt ihr das festkriegen?«, erkundigt sich

Mama. »Wollt ihr einen Ritz in den Stock schnitzen und dort die Blätter festklemmen?« Sie wirkt sehr eifrig.

»Wir könnten es einfach festkleben«, schmettere ich den Vorschlag meiner Mutter ab. Und überlege zeitgleich, was Ebba und ich mal zusammen schnitzen könnten.

Mama läuft nach oben, kommt mit einem Kleber und etwas zu trinken zurück. Es funktioniert. Zufrieden betrachten wir unser Kobra-Werk.

»Danke, Fred. Das war toll.« Ich freue mich, dass es Halim hier gefällt. Vielleicht können wir uns häufiger verabreden.

Plötzlich höre ich aus weiter Entfernung ein leises Klingeln. Ich kann es nicht richtig zuordnen, ist das der Eiswagen? Mama grinst ein wenig hinter ihrem Buch, ich kann mir aber nicht erklären, wieso. Das Buch muss lustig sein. Das scheppernde Klingeln kommt immer näher. Es ist eher ein Geräusch, als würde etwas gegen eine Klingel klopfen.

Halim und ich lassen die geschnitzten Schlangen im Gras umherflitzen und tun so, als würden wir nach dem anderen schnappen. Unsere Augen sind auf den Rasen ge-

richtet, als zwei Turnschuhe und ein Reifen vor uns zum Halten kommen. Wir blicken hoch, und ich traue meinen Augen nicht.

Papa steht dort mit einem Fahrrad, das ich nicht kenne.

»Was ist das?«

»Schlaue Frage, Fred«, antwortet Papa. »Auf jeden Fall ist es kein Flugzeug!«

»Ein Fahrrad«, spreche ich das Offensichtliche laut aus. »Aber ich hab doch schon eins!«

Halim steht neben mir und sieht das blaue, coole Rad mit großen Augen an. Allmählich kapiere ich. Ich sehe, wie Mama strahlend neben uns tritt.

»Hat alles geklappt?«, fragt sie.

»Ja, mein Kollege hat es wie versprochen mit in die Firma gebracht.«

Wenn das stimmt, was ich gerade vermute, dann sind meine Eltern die allerbesten Eltern überhaupt auf der ganzen Welt – oder mindestens mal von Hamburg.

»Wie findest du das, Halim?« Mein Vater deutet auf das Rad und blickt meinen Freund an.

»Sehr schön!«, sagt er und rührt sich nicht vom Fleck.

»Es ist für dich!«

Hatte ich doch recht. Mama und Papa sind echt krass.

Halim kann es nicht glauben. »Für mich?«, fragt er immer wieder.

»Ja, klar!«, sagt Papa. »Ich habe mich daran erinnert, dass ein Arbeitskollege das Rad seines Sohnes annonciert hat, ich habe gestern deinen Vater gefragt und er meinte, ich könne es dir schenken.«

Halim ist immer noch sprachlos. »Ein Geschenk? Ich habe nicht Geburtstag!«, sagt er leise.

»Dann ist es ein vorträgliches Geburtstagsgeschenk!«, erklärt Papa. »Du brauchst doch eins, um zur Schule zu kommen.«

Halim geht zu meinem Vater, gibt ihm die Hand und bedankt sich.

»Shukran, danke!«

Mehr sagt er nicht, aber wir merken alle, dass er sich wahnsinnig freut. In der anderen Hand hält Papa einen Fahrradhelm. Der ist auch blau, wie das Rad.

»Guck doch mal, ob der dir passt.« Papa setzt Halim den Helm auf, zieht die Verschlüsse auf die richtige Länge und lässt sie unterm Kinn einschnappen.

»Wollen wir ein bisschen fahren?« Aufgeregt springe ich auf und ab.

»Wieso nicht?« Aus dem Schuppen schiebt Papa sein und mein Fahrrad hervor, die geschnitzte Kobra von Halim klemmt er auf dem Gepäckträger fest und keine fünf Minuten später fahren wir einen Fahrradweg entlang. Halim ist begeistert von seinem neuen

Fahrrad, probiert alles aus, die Gänge, die Klingel, die Bremse.

»Können wir in die Richtung fahren?«, bitte ich. Papa gibt sein Okay, weiß aber nicht, wo ich hinwill. »Ebba wohnt doch dahinten irgendwo, oder?« So genau erinnere ich mich nicht mehr an den Weg zu ihr.

»Ja, da sind wir in zehn Minuten. Hast du Lust, Halim?« Er nickt.

Als wir an der Haustür klingeln und Ebbas Mutter überrascht öffnet, entschuldigt sich Papa sofort, dass wir unangemeldet hereinschneien. Schneien? Und das an einem warmen Sommertag?

»Manis!«, antwortet Ebbas Mutter, und allein dafür hat es sich gelohnt. »Kommt rein!« Sie ruft nach ihrer Tochter, die die Treppe im Haus runtersprintet und kurz danach vor uns steht.

»Ich habe ein neues Fahrrad!« ist das Erste, was Halim sagt.

»Toll, zeig mal!«

Wir gehen vor die Tür und Ebba staunt über das schicke Fahrrad.

»Guck mal, und das ist sein Helm«, fahre ich fort. »Fällt dir was auf?«

»Ist auch blau«, kommt die Antwort.

»Ja, aber noch was.«

Ebba überlegt, bis es Klick bei ihr macht. Sie grinst

mich an, winkt uns, ihr nach drinnen in die Küche zu folgen. Sie fragt ihre Mutter etwas auf Schwedisch, die nickt, dann öffnet Ebba die magische Schrank-Schublade. Mit einem Griff zieht sie einen Haufen Elch-Aufkleber hervor.

»Möchtest du einen für deinen Helm?«, fragt sie Halim. »Fred und ich haben auch einen.«

»Ja, finde ich toll!« Halim sucht sich einen orangefarbenen Elch aus und klebt ihn stolz auf seinen Helm.

»Jetzt seid ihr das Elch-Trio!«, stellt Papa fest. Und wie!

»Wir bringen Halim nun nach Hause«, verabschiedet sich Papa.

»Bis morgen, Ebba«, sage ich. Sie winkt uns zu. Toll, dass sie noch einen Elch verschenkt hat.

»Papa, wir müssen Adil was fragen«, quatsche ich aufgeregt los. Ich habe völlig vergessen, Mama von dem Weltkindertag und unserem Fest zu erzählen. Ich überschlage mich fast, als ich Papa von den Plänen berichte. »Frau Petersen meinte, wir sollen fragen, ob das überhaupt geht.«

»Okay, okay, wir gucken mal, ob er noch da ist.«

Adil ist noch da, und damit der Erste, der in der Unterkunft das neue Fahrrad von Halim sieht.

Er nickt Papa zu. »Das ist sehr nett von Ihnen, vielen Dank. Es hat sogar ein gutes Schloss. Nicht, dass es wieder geklaut wird. Stell es nachher in den Schuppen, Halim!«

Mein Freund Halim mag sich kaum von dem Fahrrad trennen, am liebsten würde er es wohl zum Schlafen mit ins Bett nehmen. So wie der andere Junge seinen Ball.

Halims Vater kommt aus der Wohnung und schüttelt Papa sehr lange die Hand. Er ruft seine Frau und Tochter, die sich beide sehr freuen. Halims Mutter kannte ich ja noch gar nicht.

»Shukran«, sagt sie immer wieder und fragt, ob Papa und ich Tee möchten. Sehr gerne.

Sie bringt ein paar Tassen nach draußen, wir stehen am Fußballplatz und trinken Tee, der nach besonderen Gewürzen schmeckt. So etwas habe ich noch nie getrunken. Leyla klettert aufgeregt aufs Fahrrad, das viel zu groß für

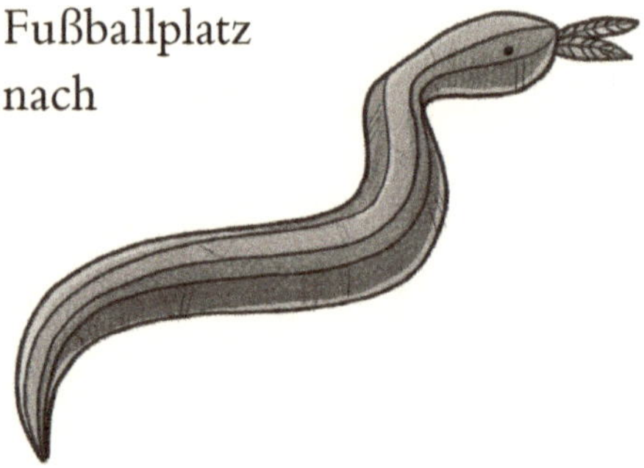

sie ist. Sie schnappt sich die Schnitz-Schlange und zeigt sie ihren Eltern.

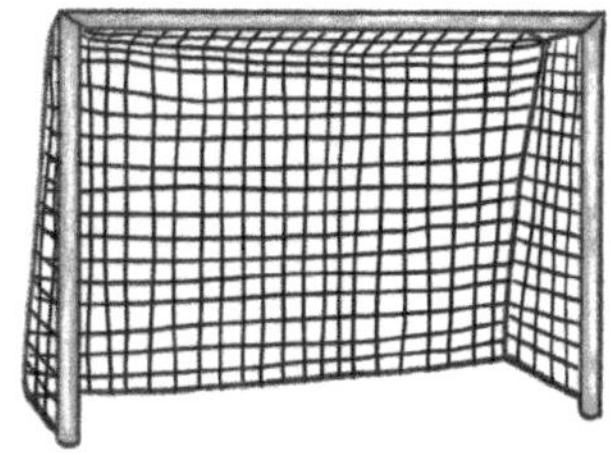

»Mein Sohn hat mir gerade erzählt, dass seine Klasse ein Fußballturnier plant«, fängt Papa an. »Zum Weltkindertag. Dürften sie vielleicht hierherkommen und spielen? Da könnten auch alle anderen Kinder, die hier wohnen, mitmachen.«

Halim übersetzt alles, vor allem für seine Mutter.

»Ich trainiere die Kinder aus der Klasse ja eh, würde dann also aufpassen. Aber es sollen auch alle Eltern kommen, oder?« Halim und ich nicken synchron.

Adil hört aufmerksam zu und sagt, dass er das eine super Idee findet.

»Ich frage morgen die Leiterin hier, was sie dazu meint. Danach kann die Lehrerin vielleicht noch mal anrufen. Ich könnte mir vorstellen, dass das geht. Ich sage Bescheid.«

Adil notiert sich die Handynummer meines Vaters. Es ist ein gutes Gefühl, dass Papa das im Griff hat.

»Sie können ja auch beim nächsten Mal beim Schulhof-Fußball zuschauen«, lädt er Halims Mutter ein. Sie lächelt freundlich. Sie, ihr Mann und Halim bedanken sich noch hundert Mal für das Fahrrad. Papa winkt nur ab.

Es ist schon recht spät, als wir wieder zu Hause ankommen. Als mein Vater mich ins Bett bringt, umarme ich ihn sehr fest.

»Danke, Papa«, flüstere ich. »Du warst heute wie der Weihnachtsmann. Auch ohne Zuckerwatten-Bart!«

17. Kapitel

Mist, der Zug hat mich erwischt! Ich ärgere mich über mich selbst!

Mama drückt auf den Auflegen-Button und das Handy-Display wird dunkel. Sie sieht zu mir rüber. »Schalt das blöde Ding aus!«, sagt sie.

Das geht jetzt absolut gar nicht. Ich liege auf dem Sofa, bin zwar gespannt wie ein Flitzebogen, weil ich mitbekommen habe, dass Ebbas Mutter die Anruferin war, spiele aber dennoch nebenbei weiter. Ich habe noch kein eigenes Smartphone, aber auf dieses hier hat Papa ein paar Spiele geladen, damit ich rumdaddeln kann. Bei »Subway Surfers« muss der Junge auf Gleisen vor einem Polizisten weglaufen und den Zügen ausweichen. Zweimal bin ich schon von dem Polizisten gefangen worden, einmal habe ich nicht schnell genug das Gleis gewechselt.

»Willst du gar nicht wissen, was sie wollte?«, will Mama wissen.

»Hm!«, antworte ich und beginne von vorn. Ich muss mich konzentrieren, weil das Tempo immer schneller wird.

»Frida wollte wissen, ob du ihr die Küche streichen könntest und danach das Bad wischst!«

»Hmm, okay!« Jetzt quatscht sie mir ausgerechnet in diese wichtige Phase des Spiels rein.

»Prima, dann sag ich ihr, dass du das machst«, gibt Mama zurück und hält wieder das Handy ans Ohr.

Der Polizist fängt mich.

»Dass ich was mache?«

»Na, die Küche streichen«, antwortet meine Mutter und zuckt mit den Schultern.

»Waaas? Wieso das denn?« Ich springe vom Sofa hoch und schmeiße das Handy auf den Tisch. »Das habe ich nie gesagt. Ich bin doch kein Maler.«

»So, sehr schön«, freut sich Mama. »Dann habe ich ja jetzt deine volle Aufmerksamkeit. Frida und Ebba wollen einen Fahrrad-Ausflug zur Alster machen und fragen, ob du mitmöchtest.«

Oh, das klingt viel besser.

»Darf ich denn?« Wenn sie zu der Stelle an der Alster fahren, die ich kenne, kommt man an einem super Eisladen vorbei.

Und mit Ebba eine Fahrradtour zu machen, ist richtig gut. Wir könnten einen Ball mitnehmen und ihn uns zuwerfen, damit wir nicht immer nur Fußball spielen.

»Ja, klar darfst du. Die Elch-Gang muss doch vereint sein.«

Ein gutes Stichwort. Die Elch-Gang ist aber erst komplett, wenn wir zu dritt sind.

»Darf Halim auch mit? Er hat doch jetzt ein Fahrrad und auch einen Elch auf dem Helm.« Ich flitze schon in den Flur und ziehe meine Turnschuhe an.

»Da müssen wir erst seine Eltern fragen.«

»Wir haben doch die Handynummer, oder? Papa hat mit Halims Vater gesprochen.«

Mama scrollt durch die Adressenliste in ihrem Handy und drückt auf eine Nummer. »Hallo, hier ist Susanne, die Mutter von Fred, wissen Sie, wer ich bin?« Sie lauscht ein paar Sekunden, lacht dann. »Ja, genau, mit dem Fahrrad. Deswegen rufe ich auch an. Es ist so schönes Wetter, wir würden gerne einen Ausflug machen. Darf Halim mit?«

Aufgeregt warte ich auf die Antwort. Es macht sehr viel Spaß, sich mit Halim zu treffen. Als wir zusammen die Kobra geschnitzt haben, habe ich gedacht, dass er jetzt sogar einer meiner besten Freunde ist. Auch wenn das Luca gegenüber unfair sein könnte. Aber der könnte auch noch mit in die Elch-Gang, falls Ebba einen weiteren Elch-Aufkleber rausrückt. Heute kann er aber eh nicht.

»Ja, wir fahren bei euch vorbei und holen ihn ab«, sagt Mama.

Das bedeutet dann wohl, dass Halims Vater es erlaubt hat.

»Erst zu Ebba, dann Halim abholen, dann zur Alster«, zählt meine Mutter auf.

»Ja, okay, tschüss.« Ich reiße die Tür auf.

»Mooomentchen, Freundchen!«, meldet sich Mama schwer atmend zu Wort. »Ich komme mit.« Sie streift sich schnell Schuhe und Jacke über und greift nach einem Rucksack und ihrem Portemonnaie.

»Ach, du kommst mit?« Das klang nicht gerade nett, was Mama auch direkt anmahnt.

»Na, die Begeisterung ist ja ungefähr so groß, als wenn ich dir gesagt hätte, dass es zum Zahnarzt geht.«

»Entschuldigung. Ich dachte, du müsstest arbeiten. Na klar sollst du mit«, beginne ich ein wenig zerknirscht. Sofort lächelt Mama mich an und streicht mir über den Kopf. »Irgendjemand muss mein Eis ja zahlen«, fahre ich fort und gehe schnell in Deckung.

Mama weiß, dass das ein Scherz sein sollte, und lacht. Glücklicherweise versteht sie Witze.

Zehn Minuten später radeln wir vor Ebbas Haus vor. Sie und ihre Mutter warten schon auf uns. Frida schnallt eine kleine Kühltasche auf ihrem Gepäckträger fest.

»Ich habe ein bisschen was Leckeres für ein Picknick zusammengepackt!«, erklärt sie.

»Oh, Taxe Mücke!«, sage ich und muss an den Tag denken, als wir den schwedischen Satz ein wenig umgedichtet haben.

Mama erklärt, dass wir noch Halim abholen, was Frida und Ebba freut.

Er winkt uns schon von Weitem zu.

Später radeln drei Kinderhelme mit je einem Elch darauf in Richtung Alsterwiesen.

Ebba hat wirklich einen Handball dabei, Halim seine Kobra. Auf meinem Gepäckträger klemmen zwei Saftflaschen.

Der große Spielplatz an den Alsterwiesen ist ziemlich voll. Auf der einen Seite ist der Alsterlauf, auf der anderen die Spielgeräte. Einige Kinder hängen in dem Klettergerüst mit den spinnenartigen Seilen, Erwachsene spielen Volleyball, andere sitzen rund um die Grillstellen und breiten Tupperdosen aus, ein paar Jungs hängen an dem Autoreifen, auf dem man sich festklammern und an einem langen Drahtseil bestimmt hundert Meter weit durch die Luft fliegen kann.

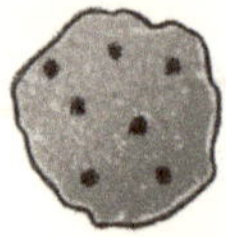

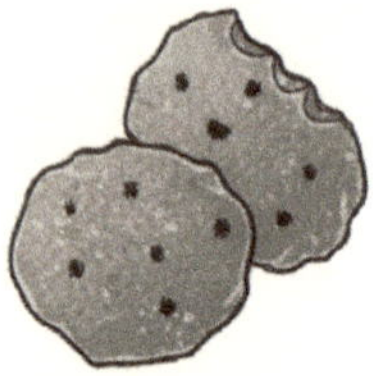

»Kommt, wir setzen uns hierhin«, schlägt Mama vor. Sie und Frida breiten eine Picknickdecke auf dem Boden aus. Erdbeeren, ein paar Brote, Paprika und Kekse haben wir dabei. Ich stelle die zwei Saftflaschen dazu und schiele in Richtung Kiosk.

»Noch nicht!«, sagt Mama, obwohl sie gar nicht gesehen haben kann, dass ich dorthin geblickt habe. Aber auch das beweist mal wieder, dass Eltern einfach überall Augen haben. Auch am Hinterkopf, an den Händen und Füßen.

»Klettern oder werfen?«, fragt Ebba.

Halim zeigt auf das Kletter-Spinnennetz und kurze Zeit später hängen wir drin. Halim kann ziemlich gut klettern, Ebba auch, und so schaffen wir es alle bis ganz nach oben.

Von dort aus hat man einen guten Rundumblick über den Spielplatz.

»Da sind Mama und Susanne!« Ebba deutet auf die beiden Frauen auf der Decke.

»Seht ihr das?«, rufe ich gespielt empört. »Die essen uns alle Kekse weg. Das darf nicht wahr sein!« Aus Spaß brülle ich so laut ich kann los.

Halim verliert dabei ein wenig den Halt und ich halte ihn gerade noch fest, bevor er kopfüber runterpurzelt.

»Sorry!«, sage ich. Ich habe ihn erschreckt, das tut mir leid. »Wie sagt man Entschuldigung auf Arabisch?«, frage ich Halim, damit er an was anderes denkt.

»Asif!«, antwortet er.

Ebba und ich sprechen das Wort nach. »Und auf Schwedisch heißt es Förlåt«, erklärt uns Ebba.

Wir liegen eine Zeit lang im Kletternetz, viele Kinder steigen über uns rüber, aber das stört uns nicht. Es ist schön, die Welt fast schwebend von hier oben zu beobachten, so dicht am Himmel.

»Wie, findet ihr, sieht die Wolke da aus?« Ich deute auf eine Schäfchenwolke. Es sind kaum welche am Himmel, so ein warmer Sommertag ist heute. »Ich finde, wie Zuckerwatte«, schlage ich vor.

Ebba lacht, weil sie an Luca denken muss. »Kennst du Zuckerwatte?«, frage ich Halim. Das Wort versteht er nicht. »Wir werden es dir hoffentlich bald zeigen, wenn es mit unserem Fest klappt.«

»Wie wollen wir dann heißen?« Ebba hat recht. Wir brauchen noch einen Mannschaftsnamen.

»Name für Fußball?«, fragt Halim. Wir nicken. »Welt-Kicker?«, sagt er.

Ich freue mich wahnsinnig, dass Halim etwas vorgeschlagen hat. Er kann viel besser Deutsch, als ich dachte. In dieser Deutsch-Klasse, in der er war, bevor er zu uns in die Schule kam, hat er viel gelernt. Welt-Kicker würde zum Weltkindertag passen.

»Toll, Halim! Oder Welt-Kinder-Kicker.«

Wir überlegen noch eine Weile, bis unsere Mütter uns runterrufen.

»Wolltet ihr da oben übernachten?«, fragt Mama, als wir wieder festen Boden unter den Füßen haben.

»Wieso nicht?«, gebe ich zurück. »Von da oben die Sterne zu beobachten, ist bestimmt schön.«

Ich stelle mir vor, wie wir in unseren Schlafsäcken im Netz liegen und versuchen, die unterschiedlichen Himmels-Sternbilder zu erkennen. Was ich toll finde, dass man überall auf der Welt denselben Himmel sieht, ob in Hamburg, Schweden oder Syrien. Das sage ich Ebba und Halim aber nicht, damit sie nicht traurig werden.

Wir essen ein paar Kekse und Erdbeeren, womit wir uns natürlich die T-Shirts vollkleckern.

»Die Wolke sieht aus wie ein Ball!« Ebba deutet mit ihrem schokoverschmierten Finger zum Himmel und wir recken unsere Hälse.

»Findest du?« Ich runzle die Stirn. »Die sieht eher

aus wie ein Schwein oder eine Waschmaschine, aber doch nicht wie ein Ball!«

»Doch tut sie«, bleibt Ebba am Ball. Sie greift nach ihrem Handball und hält ihn gen Himmel.

»Na ja!« Ich sehe das immer noch nicht. Halim schüttelt auch den Kopf.

»Egal, Hauptsache, wir spielen Ball«, meint Ebba und läuft los.

Auf der Wiese ist noch ein Fleckchen frei. Wir werfen den Ball hin und her, und ich könnte mir gut vorstellen, dass Ebba später mal in der Nationalmannschaft spielt. Wäre das dann eigentlich für Schweden oder für Deutschland, wenn sie hier lebt? Ich würde mir dann auf jeden Fall alle ihre Spiele ansehen.

Halim macht das Fangen und Werfen auch Spaß. Am Anfang stehen wir, später laufen wir, und werfen dabei weiter. Im Laufen zu fangen ist noch mal schwieriger, aber wir kriegen es gut hin.

»Schnell, Fred!«, spornt Ebba mich an.

»Yallah!«, ruft auch Halim.

Ich sprinte los, sie wirft einen weiten Pass, den ich fast fange. Der Ball kommt auf dem Boden auf, ich nehme ihn und werfe sehr weit zu Halim. Wir lachen und freuen uns, allerdings ist es auch ganz schön anstrengend. Halim wirft echt gut zu Ebba, sie schmeißt sich auf den Boden, um den Ball zu erwischen.

»Hierher!«, rufe ich ihr zu, prompt bekomme ich

den Ball. Ich nehme Anlauf und werfe den Ball so doll ich kann in Halims Richtung. Aber viel zu hoch und leider segelt er über ihn rüber. Der Ball prellt hinter ihm auf, rollt durch ein paar Bäume durch und landet, plumps, im Alsterlauf.

»Oh, nein!« Ebba rennt zum Wasser und schlägt die Hände vors Gesicht. Der Ball treibt ab. Er ist fast so schnell wie die Kanus. Ein paar Leute paddeln an uns vorbei.

»Förlåt!«, sage ich leise. Ich weiß, dass das Mist war. Der Ball ist bestimmt teuer. Wir laufen am Rand des Alsterlaufes dem Ball hinterher. An der Stelle ist es zwar nicht sonderlich breit, aber in einem Satz rüberspringen geht auch nicht. Schnell ziehe ich mir Schuhe und Strümpfe aus, blicke zu Mama und Frida. Die beiden sind ein ganzes Stück weit weg und so in ihr Gespräch vertieft, dass sie nicht gemerkt haben, dass wir nicht mehr auf der Wiese spielen.

»Nimm dir einen langen Stock«, rufe ich Halim zu.

Halim steht steif am Ufer, er rührt sich nicht.

»Komm, wir müssen nur einen Schritt rein, mit dem langen Stock schaffen wir das.«

Ebba versucht, einen halben Baumstamm zu bewegen, der natürlich viel zu schwer ist.

»Hilf ihr mal, Halim!«, bitte ich meinen Freund. Der aber reagiert gar nicht. Ich stehe mit einem Bein im Wasser, komme nicht ganz an den Ball ran. Neben uns hat ein Kanu angelegt, die Leute haben es an einem Baum vertäut, und sind jetzt wohl zum Spielplatz gegangen. Das Kanu liegt perfekt. Es müsste nur jemand draufspringen, dann käme man an den Ball. Halim steht direkt daneben. »Halim, geh mal auf das Boot, dann kriegen wir den Ball!« Das müsste wirklich klappen. Aber wieder macht Halim nichts. Er geht ein paar Schritte weg, setzt sich zusammengekrümmt auf eine Bank. Ebba und ich werfen uns einen Blick zu.

»Was ist denn mit ihm?«, fragt sie. Ich zucke mit den Schultern.

Ein weiteres Kanu paddelt an uns vorbei.

»Unser Ball!« Ebba macht den zwei Männern Zeichen. Der eine legt das Paddel aus der Hand, greift ins Wasser und wirft uns den Ball zu, Ebba fängt und strahlt ihn an.

»Danke, tack så mycket!«, ruft sie.

»Nix zu danken!« Er winkt uns zu und weg sind sie. Gott sei Dank, der Ball ist wieder da. Ich muss nicht mein gesamtes gespartes Taschengeld für einen neuen ausgeben.

Ebba trocknet den Ball an ihrem T-Shirt ab und geht mit mir zu der Bank, auf der Halim sitzt.

»Was ist los?«, frage ich. Er sieht nicht sehr glücklich aus. Seine Hände hält er auf den Bauch gepresst und verzieht das Gesicht.

Irgendwas sagt mir, dass er das Wasser so schrecklich findet. Deswegen nehme ich seine Hand und ziehe ihn von der Stelle weg, zurück zu Mama und Frida.

Zögerlich kommt Halim mit.

»Wo wart ihr denn?«, fragen unsere Mütter.

»Äh, na ja, dahinten«, beginne ich. Normalerweise hätte ich jetzt verschwiegen, dass der Ball im Wasser gelandet ist. Aber da es Halim nicht so gut geht, erzählen wir doch, was passiert ist. Ball, Wasser, Rettungsaktion.

»Er hat Bauchweh!«

»Ihr geht nicht noch mal einfach so ins Wasser!«, ermahnt mich meine Mutter. »Wie tief ist es denn da?«

»Es geht, ist gar nicht gefährlich«, erkläre ich. Sie wirkt aufgewühlt und ruft Papa an. Mama geht ein paar Schritte weg und spricht mit ihm.

Halim sitzt auf der Decke und sagt nichts.

Auch von dem Eis, das Mama uns nach dem Anruf bei Papa besorgt, möchte er nichts abhaben. Schade, das ist nämlich wirklich lecker. Ich habe ein schlechtes Gewissen, weil ich mein Eis trotzdem esse. Ebba hält Halim noch mal ihres hin, er schüttelt weiter den Kopf, ist aber schon nicht mehr ganz so blass.

»Hoffentlich hat er sich nicht an den Erdbeeren oder Keksen den Magen verdorben«, sage ich.

»Nein, das wird nicht der Fall sein.« Mama ist sich da offenbar sicher.

Mir ist auf einmal auch flau. Immerhin war es meine Schuld, weil ich den Ball zu hoch geworfen habe und dann Halim aufgefordert habe, ins Wasser zu gehen. Das gebe ich auch laut zu. Mama nimmt mich in den Arm.

»Nein, Fred, es hat nichts mit euch beiden zu tun.«

Auch Ebba schaut schuldbewusst.

Frida erklärt ihr etwas auf Schwedisch. Kurze Zeit später kommen Papa und Halims Vater. Papa hat ihn mit dem Auto abgeholt.

Halim läuft seinem Papa entgegen und umarmt ihn fest. Papa nimmt mich in den Arm.

»Was ist denn genau passiert?«, fragt er, nachdem er mich zur Seite gezogen hat. Die anderen können uns nicht hören. Ich heule fast los, als ich genau erkläre, was mit dem Ball war. Papa geht in die Knie.

»Du musst nicht weinen, Fred, aber erinnerst du dich, was ich dir über die Geflüchteten erzählt habe?«

»Ja, dass es ganz schwierig in ihrem Land war und sie deswegen geflohen sind.« Na klar weiß ich noch, was Papa mir neulich alles zu Syrien erklärt hat.

»Und dass die Flucht ganz anstrengend und lang war? Und mit den Booten?« Papa sieht mich aufmerksam an.

»Ja, hast du gesagt.«

»So war es auch bei Halim. Sie sind im Boot geflüchtet. Und deswegen hat Halim Angst vor Wasser. Dann noch das Kanu, verstehst du?«

Ich nicke, senke aber den Kopf, weil es mir so leidtut.

»Fred, sieh mich mal an, du konntest das nicht wissen. Es ist nicht Ebbas und deine Schuld! Okay?«

»Okay«, sage ich leise. Ich wusste das wirklich nicht und wollte nicht, dass es Halim schlecht geht. Er ist doch mein Freund.

Papa nimmt mich an der Hand, wir gehen zu den anderen zurück.

Ich nehme Halim kurz in den Arm. Sein Papa lächelt mich an und streicht mir über den Kopf. Gott sei Dank ist er nicht sauer auf mich.

»Wir packen Halims Fahrrad hinten ins Auto. Ich bringe ihn und seinen Vater nach Hause!«

Wir nicken.

»Und ihr könnt ja noch ein bisschen bleiben.«

Mama sagt, dass das eine gute Idee ist.

»Bist du böse, Papa?«, frage ich ihn noch.

»Nein, wirklich nicht. Du bist so nett zu Halim. Das merkt er. Und sein Vater auch. In der Unterkunft gibt es außerdem jemanden, der sich um Halim kümmert, damit er bald hoffentlich nicht mehr so viel Angst hat.«

Ich höre interessiert zu. »Das ist gut!«

»Jedenfalls seid ihr beide, du und Ebba, eine große Hilfe!«

Das ist ein schönes Lob und macht mich stolz.

»Tschüss, Halim! Kommst du zum Schulhof-Fußball?«

Sein Vater verspricht, dass Halim kommt.

»Und wenn ich schon mal dort bei der Unterkunft bin«, fängt Papa verheißungsvoll an. »Dann kann ich mich ja vielleicht mal erkundigen, wie es denn mit eurem Fest aussieht.« Ebba und ich haben sofort etwas bessere Laune. »Aber versprechen kann ich nichts!«

Ich winke Halim hinterher und rufe. »Bis morgen, Welt-Kicker!«

18. Kapitel

»Popcorn würde auch gehen!« Auf dem Weg zum Schulhof-Fußball zählt Luca alle Süßigkeiten auf, die er bei unserem Fest anbieten möchte.

»Du weißt doch noch gar nicht, ob es überhaupt klappt!«, bremse ich ihn ein wenig. Wie ich Luca kenne, war er schon im Supermarkt und hat drei Einkaufswagen voller Schokolade, Salzstangen, Chips, Lakritz und Marshmallows zur Kasse gefahren.

»Ich habe es im Gefühl, dass es gut ausgeht!«, verkündet Luca geheimnisvoll. Ob das ein gutes Zeichen ist? Nach der letzten Mathearbeit hatte Luca angeblich auch ein gutes Gefühl, dass er ganz vorne mit dabei ist. Da stimmte die Weissagung eher nicht. Da hat er aber nur abgewunken und gesagt: »Egal, gibt Wichtigeres! Ich habe wohl meine Chancen bei der Mathearbeit falsch berechnet.«

Halim läuft neben mir her. Ich bin einfach nur

dankbar, dass er hier ist. In den ersten beiden Stunden war er nicht da, da habe ich schon Schlimmes befürchtet. Dann stand er aber wieder in der Klasse und hat mich schüchtern angelächelt.

Ich vermute, dass er heute früh noch bei der Frau war, die ihm hilft, dass er nicht mehr so viel Angst hat. Das hat Papa beim Frühstück erklärt. Eine Trauma-Pädagogin ist das. Den Ausdruck habe ich noch nie gehört. Papa sagte, es sei so ähnlich wie eine Ärztin, die einem hilft, dass es einem besser geht. Das wäre echt gut.

»Alles gut?«, habe ich in der ersten Pause auch Halim gefragt. Er hat nur genickt. Mir ist ein Stein vom Herzen gefallen, weil ich dachte, er wolle nach gestern vielleicht nicht mehr mein Freund sein. Ich habe deswegen auch nicht so gut geschlafen.

»Sehr gut!«, habe ich geantwortet und mich sehr gefreut.

Als wir zum Platz kommen, stehen dort Papa und Frau Petersen. Glücklicherweise trägt weder der eine noch die andere ein National-Trikot.

»Wir haben eine gute und eine schlechte Nachricht für euch!« Papa schaut ernst drein und ich mache mir ein wenig Sorgen. »Welche wollt ihr zuerst hören?«

»Immer zuerst die schlechte!«, erklärt Simon. »Dann hat man das Gute für den Schluss aufgehoben.« Klingt irgendwie logisch.

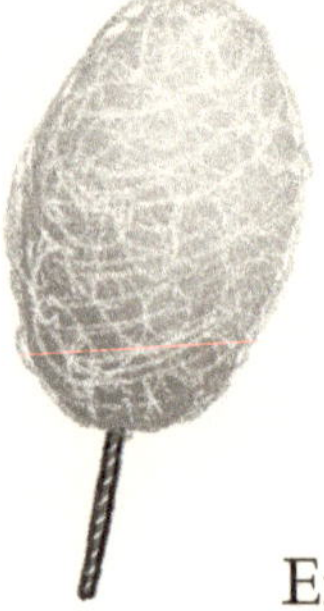

»Die schlechte Nachricht ist …«, beginnt mein Vater, »… dass in allen Hamburger Supermärkten offenbar der gesamte Zuckervorrat aufgekauft worden ist. Wir können einfach nur hoffen, dass du das warst, Luca.« Er schmunzelt jetzt ein wenig. »Denn woher sollen wir sonst den Zucker für die Zuckerwatte bekommen?«

Wir halten die Luft an. Heißt das etwa … bedeutet das, dass es klappt mit unserem Fest?

»Denn die gute Nachricht ist …«, fährt Frau Petersen fort, »… dass unser Fußballturnier am Weltkindertag stattfinden kann. Wir haben mit der Leiterin von Halims Unterkunft geredet und sie hat es erlaubt.«

Vor Freude springen wir alle in die Luft und umarmen uns. Halim strahlt. Simon sagt, dass das eh klar war, weil er es vorgeschlagen hat. Hä?! Egal. Noa und Tom klatschen sich ab, und Luca ist so ausgelassen, dass er ungebremst gegen den Fußball tritt, der daraufhin so weit und hoch fliegt, dass er auf dem Dach der Kantine landet.

»Damit hat sich unser Turnier wieder erledigt. Offenbar haben wir gar keinen Ball«, beendet Frau Petersen ihre Rede.

»Würdest du doch nur einmal so doll im Training schießen«, wendet sich Papa an Luca. »Das ist ein Top-Schuss. Nur leider in die falsche Richtung.« Sauer sieht er aber nicht aus. »Kommt mal mit!«

Wir rennen immer noch ausgelassen zur Kantine, wo Papa die Aufstiegsmöglichkeiten prüft. Auf dem Dach war er ja schon mal.

»Gestern im Wasser, heute auf dem Dach!«, flüstert Papa mir zu. »Mannomann.« Er meint es aber nicht böse. »Hier an der Regenrinne geht es ganz gut«, erklärt mein Vater fachmännisch. »Haltet mich bitte von unten fest und drückt mich hoch.«

Mindestens zehn Hände schieben meinen Papa nach oben. Er greift nach einem Haken und zieht sich aufs Dach. Ganz schön sportlich.

»Sie sind ja ein wahrer Akrobat und Fassadenkletterer!«, lobt Frau Petersen.

»Dein Papa ist Spider-Man!«, ruft Luca aufgeregt, genau in dem Moment, als ihm von oben der Ball auf den Kopf dotzt. Papa hat ihn einfach runterfallen lassen.

»Passt gut auf ihn auf«, mahnt Papa kurz darauf, als er wieder vor uns steht. »Wir brauchen ihn für unseren großen Tag.

Wir dürfen dort den Fußballplatz benutzen, Tische für Essen aufbauen, und die Kinder aus der Unterkunft bilden auch eine Mannschaft.«

Halim nickt. Wusste er etwa schon, dass das alles klappt? Ich bin so froh, dass er heute viel besser drauf ist als gestern. Und keine Bauchschmerzen mehr hat.

»Das ist super!«

»Finde ich auch!« Frau Petersen klatscht in die Hände. »Und eine Überraschung gibt es an dem Tag ebenfalls noch. Jetzt muss ich nur noch mit euren Eltern reden, ob sie was zu essen mitbringen.«

Frau Petersen setzt sich auf die Bank unter der Eiche und sieht uns beim Spielen zu. Torwart zu sein, hat ihr anscheinend doch nicht so gut gefallen. Im Laufe des Nachmittags gesellen sich immer mehr Eltern zu ihr. Auch Mama ist da. Und Halims Mutter, was mich sehr freut. Vorher habe ich sie noch nie hier gesehen.

In der Trinkpause stürmen wir zu unseren Eltern. Frau Petersen berichtet, dass wir ein großes Fest planen und dass sie hofft, dass die Eltern alle kommen und was Leckeres mitbringen. Auch die Kinder, die nicht regelmäßig mit Fußball spielen, sollen dabei sein und zuschauen. Die ganze Klasse.

»Sehr schön!«, sagt Halims Mutter und strahlt.

Ebbas Mama Frida streichelt ihrer Tochter über den Kopf. Ich hoffe sehr, dass sie die Sache mit der Einladung nach Schweden ernst gemeint hat.

»Das Ganze ist ja schon bald, deswegen wollte ich hier mal in die Runde fragen, wer was mitbringen könnte.« Frau Petersen holt eine Liste heraus und notiert, was die Eltern ihr zurufen.

»Tomate Mozzarella, Würstchen, Schokopudding«, höre ich die Essens-Ansagen der Eltern.

»Es ist doch der Weltkindertag!«, mischt sich Simons Vater ein und macht danach eine lange Kunst-Pause, in der er auffordernd in die Runde blickt.

Worauf wartet er? Wenn er nicht weiterredet, ist es gleich dunkel. Endlich fährt er fort.

»Wie viele Länder gibt es auf der Welt?«

Puuh. Ich dachte, wir spielen Fußball und müssen nicht Erdkundefragen beantworten.

»Na, wer weiß das? Außer Simon natürlich«, fügt er noch an.

Papa und Mama haben mal gesagt, dass man an den Eltern oft erkennen kann, wie die Kinder sich verhalten – beziehungsweise andersrum. Eigentlich wollten sie gar nicht, dass ich das mithöre, sie hatten sich über irgendeinen Vater in der 2. Klasse unterhalten. Aber im Grunde haben sie recht. Simons Vater ist genauso ein Schlauschnacker wie sein Sohn. Simon meldet sich eifrig.

»Ja, dass du das weißt, ist klar!«, bringt er seinen Sohn erneut ins Spiel. Und wir anderen stehen alle doof da.

»Das hatten wir noch nicht in der Schule, das macht nichts, wenn ihr das nicht wisst«, hilft uns Frau Petersen.

»Na ja, so ein bisschen zusätzliche Bildung schadet nicht«, findet Simons Vater.

Papa steht hinter mir und summt ein Lied. Ich beobachte, wie er, Frau Petersen und ein paar andere Eltern die Augen verdrehen. Papa summt weiter. Ich kenne das Lied. Das ist doch von Mark Forster. Warum summt er so fröhlich? Ganz hinten in meinem Kopf rattert es.

Wie geht das Lied noch mal?

»Es gibt …« Ich überlege krampfhaft, was es noch mal gibt in dem Lied. Papa summt weiter.

»Na gut, Simon, dann sag du mal!«, erteilt Simons Vater seinem Sohn Redeerlaubnis.

In dem Moment macht es bei mir klick. Na klar! »Es gibt 194 Länder, ich will jedes davon seh'n«, singe ich laut, bevor Simon mit der Antwort rauspreschen kann. Viele stimmen mit ein.

»Sechseinhalbtausend Sprachen, ich versuch sie zu versteh'n! Die ganze Welt voll Abenteuer …«

»Ja, ja, ist ja gut!« Simons Vater gibt sich geschlagen und mein Papa grinst übers ganze Gesicht. Dem Wichtigtuer-Papa von Simon haben wir es heute gezeigt. Papa knufft mich in die Seite und hält seinen Daumen hoch.

»Was wollten Sie uns denn nun eigentlich damit sagen?«, erkundigt sich Frau Petersen. Das klingt freundlich, aber ich vermute, dass sie den Simon-Vater auch etwas nervig findet. Das habe ich im Gefühl, wie Luca sagen würde.

»Dass es um Kinder aus aller Welt gehen soll!«, erklärt Simons Papa. Mehr nicht.

»Davon haben wir ja ein paar!«, sagt Toms Mutter.

»Schweden, Syrien, Nilüfer ist aus der Türkei.«

»Der Name bedeutet übrigens Seerose«, erzählt Nilüfers Mutter.

»Was heißt denn Halim?«, will ich wissen und sehe Halims Mama an. Sie lächelt, hat aber nicht gleich verstanden, was ich meine.

»Was heißt Halim auf Deutsch? Was bedeutet es?«

»Nett, freundlich!«, sagt sie.

»Das passt sehr gut!«, finde ich.

»Und was bedeutet Simon?«, flüstert Luca hinter meinem Rücken, um die Frage kichernd selbst zu beantworten. »Klugscheißer!«

»Könnte nicht jeder ein typisches Essen aus seinem Land mitbringen?«, schlägt Frida vor.

»Das ist eine tolle Idee!« Frau Petersen ist bereit, sehr viele Leckereien auf ihrer Liste zu vermerken.

»Ich mache Baklava, die türkische Nachspeise«, verspricht Nilüfers Mutter.

»Köttbullar!«, will Frida beisteuern. »Hackbällchen!«

»Yeahhhh, Schrottbullen!«, rufe ich. »Und den großen Pfannkuchen?«, bettele ich.

Sie lacht und nickt. »Gut, der kommt auch!«

»Pannkaka!«, erkläre ich den anderen, die natürlich sofort losprusten.

Halim flüstert seiner Mutter etwas zu. Ich glaube, er übersetzt, was alles gesagt wird. Sie antwortet ihm leise.

»Wir machen Falafel und Baba Ghanoush«, sagt Halim.

»Toller Name!« Ich wiederhole ihn ein paar Mal. »Baba Ghanoush. Was ist das?«

»Tut man in die Falafel rein, ich weiß nicht, wie das heißt auf Deutsch, zeige ich euch dann.«

»Und Hummus«, fügt Halims Mutter hinzu.

Ich bin sehr gespannt, wie das alles schmeckt.

Kartoffelsalat wird Noas Mutter machen.

»Wir bringen Marmorkuchen und Melone«, meldet sich Mama.

Der Marmorkuchen ist einsame Spitze.

»Das wird ja ein Festmahl«, fasst Frau Petersen zusammen.

»Ach ja, ich steuere ein paar Kisten Getränke aus meiner Firma bei«, bietet Lucas Vater an. Wow!

»Tische gibt es vor Ort. Wir müssen uns am Weltkindertag einfach dort treffen. Ich schicke noch mal eine Mail rum, in der die Adresse steht und wer was zu essen mitbringt. Danke!«

»Und Zuckerwatte!«, fügt Luca an. »Zuckerwatte kommt auch von uns!«

Sein Vater verdreht die Augen. »Seit wir diese Maschine haben, hat der Junge etwa so viel Zucker in sich gestopft, wie in seinem ganzen bisherigen Leben.«

Simons Mutter verzieht das Gesicht, Lucas Papa stört das nicht. Hoffentlich sagt jetzt niemand was gegen die Zuckerwatte. Aber niemand meldet sich.

Vor lauter Aufregung stopfe ich mir gleich zwei Schoko-Kekse in den Mund. Danach packen wir unsere Sachen und gehen zu den Fahrradständern. Stolz schließt Halim sein neues, blaues Fahrrad auf und setzt den Helm mit dem Elch auf. Ebba und ich tun das Gleiche.

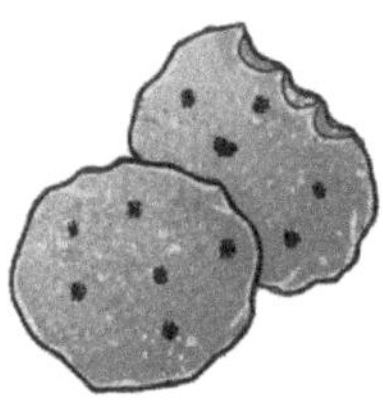

»Ihr von der Elch-Gang seid echt die Coolsten«, wispert Papa mir zu.

Als wir zu Hause angekommen sind, bestürme ich Papa mit einer Frage, die mir die ganze Zeit nicht aus dem Sinn geht: »Was für eine Überraschung meintest du vorhin eigentlich?«

Papa schweigt. »Sag doch mal, bitte.« Ich hüpfe neben ihm her und umfasse sein Bein.

»Was macht eine Überraschung aus?«, fragt Papa.

»Dass man sie nicht verrät?«, gebe ich resigniert zurück.

»Genau. Deswegen kannst du noch so oft fragen, ich sage es dir eh nicht.«

Sein Handy klingelt. Papa geht dran und spricht mit jemandem. »Ah, super, danke, prima, wie schön, ja, so 15 Uhr, wir freuen uns, bis dann!«

Keine Ahnung, wer das war.

»Worum geht es?«, frage ich, nachdem er das Telefonat beendet hat.

»Um die Überraschung. Im Grunde sind es sogar mehrere.«

»Welche denn?«, bleibe ich hartnäckig.

»Hast du Tomaten auf den Ohren, Fred? Eine Überraschung verrät man nicht. Da kannst du noch so oft fragen.«

»Okay, Papa«, sage ich, steige die Treppen zu unserer Wohnung hoch und Mama schließt auf.

»Hast du gehört? Papa hat eine Überraschung für unsere Klasse, die er aber nicht erzählen will, weil es eine Überraschung ist!«

»Aha«, meint Mama und sieht meinen Vater an. »Was denn für eine Überraschung?«

Er verdreht gespielt genervt die Augen. »Ihr seid die

neugierigsten Alles-Wissen-Woller zwischen Norwegen und Namibia.«

Ich setze eine wichtige Miene auf und erkläre feierlich: »Das sind zwei von 194 Ländern!«

19. Kapitel

Zwei Wochen später

Wie die Perlen an einer Schnur hängen sie dort. Eines neben dem anderen. Wir trauen unseren Augen kaum, als wir auf dem Gelände der Unterkunft ankommen, wo Halim lebt. Da ich ja schon mal da war, wollte ich eigentlich zuerst alles zeigen: wo Halims Wohnung ist, wo die Tischtennisplatten. Aber jetzt sind wir erst mal sprachlos. An einer Wäscheleine neben dem Fußballfeld hängen bestimmt 30 nigelnagelneue Trikots. Die eine Hälfte blau, die andere weiß. Alle mit Nummern versehen. Unsere Eltern stehen im Halbkreis um die Wäscheleine. Sie haben eine Unmenge Schüsseln auf den beiden Tischen an der Seite abgeladen.

»Boah, für wen sind die Trikots denn?« Luca rennt hin. »Für uns etwa?«

Am liebsten hätte er sofort eins von der Leine gerissen, Frau Petersen kann ihn gerade noch davon abhalten. »Ja, die sind für euch. Das ist ein Teil der Überraschung, die euer Trainer für euch besorgt hat.«

Papa hat uns die Trikots gekauft? Wieso wusste ich das nicht?

»Warum hast du mir das nicht erzählt?«, will ich von ihm wissen.

Er verdreht die Augen. »Weil es dann, wie gesagt, keine Überraschung mehr gewesen wäre.«

»Aber die sind doch total teuer!«, werfe ich ein.

»Ich habe sie nicht alle selbst bezahlt, sondern einen Sponsor gefunden«, erklärt Papa mit erhobenem Zeigefinger und deutet auf einen älteren Mann, der gerade durch das Tor kommt. Er trägt eine Kamera bei sich.

»Hallo, ich bin Rick Reporto, das ist aber nur mein Künstlername, so wie Karla Kolumna. Weil ich Zeitungs-Reporter bin.«

Wir tuscheln, kichern und gackern. Was für ein lustiger Typ. Rick Reporto? Geht es noch abgefahrener?

»Wir haben uns gedacht, wir schenken euch ein paar Trikots, damit ...« Er macht eine sehr lange Pause und genießt, dass wir alle gebannt lauschen, »... damit ihr später in der Zeitung richtig gut ausseht!«

»Wir kommen in die Zeitung?« Tom hat als Erster geschaltet. »Echt? Ich war noch nie in einer Zeitung!«

Von allen Seiten klingen Hurra-Schreie, alle reden durcheinander.

»Ruhe mal bitte, die Herrschaften.« Rick hat ein lautes Organ, wir sind sofort mucksmäuschenstill. Wenn jemand so viele Trikots springen lässt, kann man auch mal gehorchen. »Wenn ihr euch gut schlagt heute, dann gibt es vielleicht einen kleinen Bericht im Wochenblatt.«

So heißt die Zeitung also. Das Wochenblatt kenne ich, liegt einmal pro Woche gratis bei uns im Briefkasten. Darin finden sich Geschichten über Leute und Aktionen aus unserem Stadtteil. Der Name Wochenblatt steht auch auf den Trikot-Ärmeln.

»Wir strengen uns doll an«, verspricht Noa dem Reporter.

Wir rufen alle laut »Dankeschööööön. Shuuuukran.« Und leise füge ich »Taxe Mücke« hinzu.

Rick nimmt seine Kamera und macht ein paar Fotos von den Trikots an der Wäscheleine.

»Wir würden uns aber auch gerne noch bei einer anderen Person bedanken«, ergreift Frau Petersen wieder das Wort. »Die Leiterin von der Anlage hat erlaubt, dass wir alle heute hier sein können, das ist nicht selbstverständlich.«

Eine sehr nette Frau begrüßt uns und sagt, dass es auch für sie was Besonderes sei. Sie freut sich sehr auf den Tag, auf das Fußballspiel und das Essen aus aller Welt.

»Wir haben euch ja versprochen, dass ihr gegen

eine andere Mannschaft spielt«, führt Papa die Rede weiter. Er hat heute wieder sein Nationaltrikot an, und ich bete inständig, dass es keine Scherereien und blöde Nachfragen gibt. »Halim, magst du uns das Team vorstellen?«

Das tut er nur zu gerne. Halim ruft etwas auf einer anderen Sprache und schon kommen bestimmt zehn Jungs und Mädchen angelaufen. Bei ihnen ist ein Mann, den ich schon kenne.

»Hallo, ich bin Adil!«, sagt Adil, der offenbar nicht nur Dinge repariert, sondern auch noch andere Qualitäten besitzt. »Ich bin der Coach von unserem Team.«

Die Jungs und Mädchen, die alle hier wohnen, schauen uns ein wenig eingeschüchtert an. Mit ihnen kommen aber auch ein paar Erwachsene dazu, die uns zuwinken und einige Teller auf den Tischen abstellen. Meine Augen leuchten.

»Sie bringen auch etwas zu essen mit«, flüstere ich Luca zu, der seinem Vater wilde Zeichen macht.

»Siehst du, das ist die Zuckerwatte-Maschine!«

»Mann, Luca, ey!« Ich ramme ihm meinen Ellbogen in die Seite. »Guck doch mal, was die anderen alles mitgebracht haben.«

»Ja, das ist toll. Aber die Zuckerwatte ist ein Traum.«

Dem Jungen ist nicht zu helfen, trotzdem muss ich über ihn lachen. Die Zuckerwatte ist vielleicht der Ersatz für den Hund, den er nicht haben darf.

»Wir spielen heute gegen euch«, erzählt Adil weiter. »Und wir freuen uns, dass ihr hergekommen seid.« Er nickt meinem Vater zu.

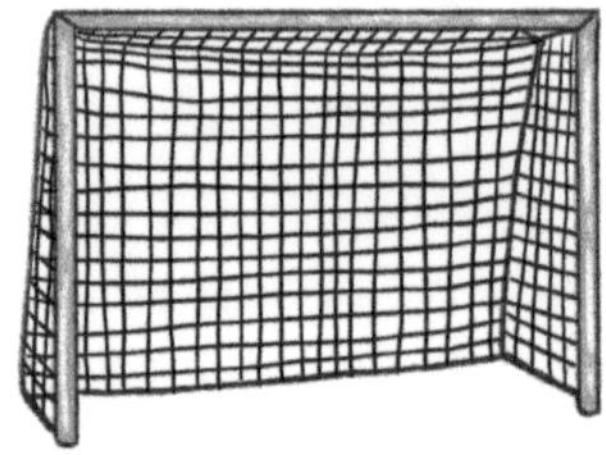

»Danke, Adil. Er hat das alles mitorganisiert. Und weil heute Weltkindertag ist, haben wir für jedes Kind ein Trikot!«

Ich scanne die Wäscheleine, weil ich am liebsten das mit der Nummer 11 hätte. Dabei erkenne ich, dass auf dem Rücken neben der Nummer noch was anderes steht.

»Alle haben heute denselben Namen.« Papa schnappt sich ein Trikot und hält es hoch. »Welt-Kicker« steht dick und fett drauf. Das finde ich schön. »Halim hat uns auf die Idee gebracht.« Ich hatte Papa nach dem Tag an der Alster davon erzählt. »Wir haben blaue und weiße Trikots, wie ihr seht. Und wer welche Farbe bekommt, entscheiden jetzt eure Mannschaftsführer. »Wer ist das bei euch?«

Papa blickt zu uns rüber. Wir zeigen auf Luca, der es, wie schon am Quiz-Tag, aus welchem Grund auch immer zum Kapitän geschafft hat. Vielleicht als Belohnung für die Zuckerwatte.

Aus dem Anwohner-Team tritt ein Junge hervor, der in etwa unser Alter hat. Er heißt Faris.

»Ihr beide spielt Piss-Pott!«, schlägt Papa vor, der gemeinsam mit Adil das Zepter in der Hand hält, weil wir ohne ihn als Schulhof-Trainer gar nicht hier stehen würden.

»Was ist das?«, fragt der Junge aus dem anderen Team. »Piss-Pott?«

Er spricht es lustig aus. Wir zeigen es ihm, treten uns alle gegenseitig auf die Füße.

»Ruhe jetzt, alle mal wieder still, bitte! Nur die beiden.«

Sie gehen aufeinander zu. Zuerst setzt Luca einen Schritt nach vorne, dann Faris, so lange, bis einer den Fuß auf den des anderen setzt. Der Fuß, der oben landet, hat gewonnen.

»Faris, gut!« Adil ballt die Faust, weil seine Mannschaft den ersten Punkt eingefahren hat.

»Ihr dürft aussuchen, welche Trikots ihr bekommt«, erklärt Papa. »Die blauen oder die weißen.«

Faris dreht sich zu seinen Freunden und Freundinnen um. Alle rufen wild durcheinander. Am Ende zeigt Faris auf die blauen Trikots. Papa nimmt sie nach und nach von der Wäscheleine und reicht sie den strahlenden Kickern.

Rick Reporto schießt ein Foto nach dem anderen.

»Dann gehen die weißen Trikots an Luca und seine Freunde!«

Jetzt rennen wir zur Wäscheleine. Frau Petersen

verteilt nach und nach die begehrte Ware. Ich warte so lange, bis die 11 dran ist.

»Das hätte ich gerne«, sagt ausgerechnet Simon. Och nööö. Wieso er? Ich möchte doch so gerne die 11 haben.

»Ich möchte sie bitte auch!«, melde ich mein Interesse an. Simon und ich halten jeweils einen Ärmel fest. Papa zuckt mit den Schultern. Er hat die Trikots zwar besorgt, aber er kann schlecht bestimmen, dass sein Sohn die 11 deswegen bekommen soll, das wäre unfair. Trotzdem wünsche ich mir so sehr, dass ich sie tragen darf. Das ist die Rückennummer für Stürmer. Timo Werner hat in der Nationalmannschaft die 11. Zu Simon passt sie doch gar nicht. Zu mir denn? Wir können uns nicht hier vor den ganzen Leuten darum streiten.

»Simon, nicht!«, mischt sich eine Stimme ein. Sie gehört Simons Vater und ist meine Rettung. »Nimm nicht die 11«, weist er seinen Sohn an.

»Wieso nicht?«, will der wissen. Hätte ich auch gefragt. Was soll an der 11 blöd sein?

»Denk doch mal nach!«, fordert ihn sein Vater auf. »11 ist eine Prim…«

»Ahhh!« Simon versteht. Ich hingegen nur Bahnhof. »Eine Primzahl. Man kann sie nur durch 1 und durch sich selbst teilen«, beginnt Simon seinen Mathe-Vortrag.

»Ist das wichtig?«, fragt Adil.

»Nein!«, antwortet Papa sofort. »Wichtig ist nur, dass das bedeutet, dass Fred die 11 bekommt, und Simon die 14, die kann man durch mehrere Zahlen teilen.«

Adil schaut so, als seien wir nicht ganz dicht, womit er bei Simon ja sogar ein bisschen recht hat. Aber ich möchte heute nichts Gemeines sagen. Dafür ist es viel zu schön.

Wir streifen die Trikots über, die Kamera klickt. Wenn Rick Reporto alle diese Fotos in die Zeitung bringen will, dann wird das eine sehr, sehr dicke Zeitung.

»So, Kinder, kommt mal her!« Papa winkt uns zu sich. Wir sehen gut aus in unseren weißen Trikots. Ebba hat die 3.

»Zuerst spielen Noa im Tor, Luca Mittelfeld, Spielaufbau, Ebba hinten links, Fred vorne, Halim, Tom, Anna.« Wie ein richtiger Trainer baut Papa aus uns eine Mannschaft zusammen. Adil macht das Gleiche bei seinem Team.

Kurz darauf stehen wir uns auf dem Platz gegenüber. Die anderen sehen cool aus in den blauen Shirts. Ich bin sehr aufgeregt. Das ist ein wichtiges Spiel.

Es ist wie in einem richtigen Stadion. Überall stehen die Zuschauer rund um das Feld. Die Eltern und unsere Klassenkameraden, die nicht mitspielen. Die Auswechselspieler. Und sogar die Presse ist da. Rick tritt aufs Feld und fragt, was unser Ziel sei. Ist das jetzt ein richtiges Interview?

»Dass wir gewinnen!«, meint Tom.

»Spaß haben«, findet Anna.

»Gut zusammenspielen«, sagt Luca und bekommt ein zustimmendes Nicken von Papa. Vielleicht ist Luca gar nicht so schlecht als Kapitän, immerhin hat er den Taktik-Anweisungen des Trainers gelauscht.

Rick wendet sich unseren Gegnern zu.

»Wir freuen uns auf Fußball«, sagen sie und: »Und neue Freunde.«

Das klingt perfekt. Der Vater von Tom pfeift das Spiel an, er ist unser Schiedsrichter. Schnell bekomme ich den ersten Ball, passe zu Halim. Der zu Tom. Aber der Torwart der anderen hält. So muss es sein, wenn man in der Bundesliga spielt. Die Zuschauer gehen voll mit.

»Nach rechts.«

»Schneller. Yallah!«

»Nicht dahin.«

»Gut gehalten.«

Und auch viele weitere Rufe in anderen Sprachen.

Nebenbei schenkt meine Mama Kaffee, Wasser und Saft aus. Dazu gibt es Kuchen. Unseren Marmorkuchen und Baklava von Nilüfers Mutter. Von den Leuten, die hier wohnen, haben auch zwei Kuchen gebacken.

Ich kann mein Glück kaum fassen, als ich sehe, dass Mama sich mit Halims Mutter unterhält. Beide lachen. Es ist also wirklich niemand sauer auf mich wegen der Sache mit dem Ball in der Alster.

»Fred, wo bist du denn mit deinen Gedanken?« Das ist Papas Stimme, die ich aus tausend anderen heraus erkennen würde. Er macht Druck, weil ich gepennt und den Ball nicht angenommen habe. Das macht er aber nur, weil er möchte, dass ich besser werde.

»Die sind echt stark!«, höre ich Noas Vater sagen. Er meint unsere Gegner. Ein Mädchen hat einen verdammt guten Pass auf Abdul gespielt, der ist der Stärkste. Er setzt den Ball flach rechts neben Noa ins Tor. 1:0 für die blauen Welt-Kicker. Oha!

Hoffentlich schießen wir überhaupt ein Tor.

In der Halbzeitpause macht Papa uns Mut, sagt, es sei nur ein Spiel, und wir sollten uns keine Sorgen machen, einfach so spielen, wie wir es auf dem Schulhof gelernt haben.

»Immer schön schnell abspielen!«, hat Luca den letzten Tipp für uns parat.

Das tun wir in der zweiten Hälfte. Ich stoppe den Ball, wie ich es gelernt habe, und spiele zu Timo, der eingewechselt wurde. Er passt auf Tom, der nicht herankommt, weil ein kleiner Junge der anderen Mannschaft dazwischen geht, mich umdribbelt und plötzlich vor unserem Tor auftaucht. Kurz antäuscht und den Ball im Netz versenkt. Schon 2:0.

»Was soll denn das?«, brüllt Simon mich an.

»Was willst du denn?«, rufe ich zurück.

»Ruhe, Jungs, alles okay.«

Papa bringt einen neuen Abwehrspieler, der sich nur um diesen guten Abdul kümmern soll. Das klappt gut.

»Luca, übernimm Verantwortung!«, ruft mein Vater von der Seitenlinie. Das nimmt Luca wörtlich, schnappt sich den Ball, spielt schnell zu Tom, kriegt den Ball via Doppelpass zurück und zieht aus einiger Entfernung an. Der Ball landet im linken oberen Winkel. Ein Traumtor.

»Lucaaaa, du Champ!«

Ich schmeiße mich auf ihn, weitere Kinder werfen sich auf unseren Haufen, so wie neulich als wir auf dem Schulhof alle aufeinanderlagen. Und der unterste keine Luft mehr bekam.

»Weiter geht's«, höre ich meinen Vater sagen. Stimmt. Während wir hier jubeln, könnten die anderen schon längst wieder nach vorne stürmen.

Mama drückt von außen die Daumen, die nette Chefin von der Unterkunft redet mit Ebbas Eltern.

Ich habe genau gesehen, wie Frida eine enorme Schüssel mit Hackbällchen, also den Köttbullar, auf den Tisch gestellt hat. Ich werde nachher ganz viele »Schrottbullen« in mich reinschaufeln.

Auch von diesem Baba Ghanoush. Ich werde einfach ein Stück vom Fladenbrot abreißen und hineintunken.

»Konzentriert euch noch mal!«, ruft Papa. Recht hat er. Ich denke nur ans Essen, obwohl ich hier gerade beim wichtigsten Spiel meines Lebens bin. »Tempo!«

Ich setze mich in Bewegung, sehe Anna auf der Außenbahn, spiele zu ihr. Noch vor ein paar Wochen ist sie vorm Ball weggelaufen, jetzt nimmt sie ihn an, spielt zurück. Der Abwehrspieler der Gegner bleibt bei ihr. Das ist gut. Kurzer Pass auf Tom, er auf Ebba.

Sie ist beim Handball besser als im Fußball, aber jetzt dreht sie sich wie Messi und schiebt mir den Ball zu, ich dribbele nach links, ziehe die Abwehrspielerin auf mich, sehe aus dem Augenwinkel Halim, er bekommt den Pass, dreht sich schnell, schießt – und drin. Halim hat getroffen. Es steht 2:2.

Ich stürme zu ihm, will ihn umarmen, stoppe kurz davor, um ihn nicht wieder zu überrumpeln. Will nicht, dass er sich erschrickt. Da umarmt er mich und jubelt.

»Hadaf!«, ruft er, und ich vermute, dass das »Tor« heißt. Luca und Tom kommen angelaufen. Auch Ebba. Sie schreit: mål. Und wir meinen alle ein und dasselbe: Tor!

»Super, alle zusammen!«, spornt uns Papa von außen weiter an. »Das Elch-Trio hat zugeschlagen«, fügt er noch leise an, und das verstehen nur Ebba, Halim und ich.

Noas Vater pfeift das Spiel ab. Sollen wir uns freuen oder enttäuscht sein?

»2:2 ist das beste Ergebnis, das man sich an so einem

Tag wünschen kann«, erklärt Papa. »Unentschieden in einem Spiel, in dem es nur um die Freundschaft ging! Ihr wart alle super. Und jetzt stürzt euch aufs Essen.«

Das lassen wir uns nicht zweimal sagen. Ich greife mir Köttbullar und Fladenbrot.

»Was ist das?«, frage ich und deute auf eine Creme.

»Hummus!«, antwortet Abdul. Ich dippe mit dem Brot hinein, es schmeckt sehr lecker. Die Auberginen-Creme Baba Ghanoush probiere ich natürlich auch.

Ich weiß gar nicht, ob ich jemals zuvor so viel gegessen habe. Na gut, an meinem achten Geburtstag vielleicht. Und an meinem siebten. Aber sonst noch nie.

»Schnappt euch mal was zu essen und legt euch ins Tor rein. Alle zusammen!«

Rick Reporto scheucht uns vom Büffet weg. Als Medienstar muss man ganz schön viel machen, kann nicht nur futternd in der Ecke rumliegen. Ebba drückt mir Pannkaka in die Hand, ich lache sie an. Halim nimmt sich etwas von Mamas Marmorkuchen und Ebba hält das Fladenbrot von Halims Mutter in der Hand. Wir sind das Elch-Trio und setzen uns zu den anderen ins Tor. Luca umklammert, na klar, eine Zuckerwatte. Sieht echt mega aus.

Die Großen wie Halim stehen hinten, ich hocke in der Mitte, um mich herum Jungs und Mädchen in weißen und blauen Trikots, bunt gemischt. Man sieht die Aufschrift »Welt-Kicker«. Ebba und ein Mädchen der anderen Mannschaft liegen ganz vorne.

Rick ruft uns zu, dass wir jubeln sollen. Und das tun wir ausgiebig.

»Kommt ihr mal wieder?«, fragt mich ein Junge neben mir, der bisher noch gar nichts gesagt hat.

»Ja!«, antworte ich, und kann es kaum erwarten.

»Wie war es denn für euch?«, fragt Rick Reporto. Er hatte schon Interviews mit der Leiterin, Papa, Adil und ein paar anderen Eltern gemacht. Alles für die Zeitung?

»Super, cool, spitze!«, antworten alle durcheinander.

»Was war das Wichtigste?«, will er wissen.

Ich nehme den Gedanken von vorhin noch mal auf. »Es war ein bisschen wie Stadt, Land, Fluss auf dem Fußballplatz«, sage ich und finde das klingt gut. »Stadt, Land, Fuß also!«

»Grätschen ohne Grenzen!«, fällt Luca ein, was wir witzig finden, beim Fußball grätscht man schließlich manchmal den Gegner weg.

»Das riecht nach Roter Karte«, meint Rick, lacht aber über den Spruch.

»Habt ihr denn eigentlich so was wie einen Schlachtruf?« Rick hat da was angestoßen, über das wir uns noch gar keine Gedanken gemacht haben. »Irgendwas, was ihr in Zukunft vor jedem Spiel rufen könntet, um euch anzufeuern?«

Das ist eine ziemlich gute Idee. Wir denken nach.

»Yallah zum Beispiel«, kommt von mir.

»Gut. Es könnte aber auch was mit Hamburg zu tun haben«, schlägt Rick vor. »Kennt ihr den Spruch: Hummel, Hummel?«

Wir schütteln den Kopf, nur Simon kennt ihn.

»Ja, das sagt man hier in Hamburg, wenn man jemanden begrüßt. Hummel war der Wasserträger!« Gibt es eigentlich irgendwas, was dieses wandelnde Lexikon nicht weiß?

»Hummel?« Halim kichert neben mir. »Lustig, das Wort. Klingt wie Hummus!«, sagt er

»Das stimmt!«, tönt Rick dazwischen. »Und was antwortet man auf Hummel, Hummel?«

»Mors, Mors!«, weiß, wer sonst, Simon!

»Mors ist plattdeutsch und heißt Po!«, bringt uns Rick bei. Das ist eine Mor(d)s-Neuigkeit. Alle Kinder versuchen, es auszusprechen.

»Wie findet ihr das als Spruch?«

»Na ja!«, melde ich mich. »Das ist ganz witzig, aber es soll ja auch was mit Fußball zu tun haben, oder?«

»Stimmt!« Das ist Luca. »Und mit dem Welttag.«

»Ihr könnt ja noch mal darüber nachdenken«, meint Rick, während er weitere Fotos von uns allen im Tor schießt. In diesem Moment fällt mir etwas ein. Halim hat gerade den Anstoß dazu gegeben, im doppelten Sinn. Wie beim Fußball und wie den Gedanken-Anstoß. Ich flüstere Halim und Ebba etwas zu, sie nicken wie wild und ich nehme Anlauf, um Rick einen Volltreffer zu präsentieren.

20. Kapitel

»Ratet mal, was ich hier habe?« Frau Petersen hält eine Woche später etwas hinter ihrem Rücken versteckt. Wir rasten komplett aus, weil wir ahnen, was es ist.

»Die Zeitung?«, platzt es aus Luca heraus.

»Genau!«, antwortet sie. »Der Rick hat ja schon am Tag unseres Spiels gesagt, dass er, wenn wir Glück haben, einen kleinen Artikel auf der letzten Seite der Zeitung bringen kann.«

Sie hält das Wochenblatt immer noch außer Sichtweite.

»Zeig schon!«, fordert Luca sie heraus.

»So weit hinten kann es gar nicht sein«, merkt Simon an. »So viele Seiten hat das Blatt gar nicht. Haben mein Vater und ich ausgerechnet.«

Wir verdrehen alle die Augen, aber nur ganz leicht. Seit dem Fußball-Fest am Weltkindertag verstehen wir uns innerhalb der Klasse wirklich besser. Bald soll es gegen die anderen Welt-Kicker ein Rückspiel geben. Dieses Mal bei uns auf dem Schulhof.

Die Trikots durften wir behalten. In der Nacht nach der tollen Feier habe ich sogar in dem weißen Trikot mit der 11 geschlafen. Das darf aber niemand wissen.

»Wir wollen es endlich sehen!«, betteln Tom und Anna.

»Na, gut«, meint Frau Petersen gnädig. »Aber nicht traurig sein, wenn es nicht so ist, wie ihr gedacht habt.«

Heißt das, dass der Artikel noch kleiner ist als Rick versprochen hat? Gab wahrscheinlich wichtigere Sachen zu berichten.

»So!«, ruft unsere Klassenlehrerin und lässt die Zeitung nach vorne schnellen. Sie hält sie hoch. Wir halten die Luft an und staunen. Auf der allerersten Seite prangt ein riesiges Foto von uns allen, wie wir mit Trikots und Welt-Essen im Tor stehen, hocken und liegen. Alle dreckig, aber mit breitem Lachen auf dem Gesicht. Und über dem Artikel, auf Seite 1 des Wochenblattes, steht in Riesen-Lettern das, was meinen neuen Freunden Halim, Ebba und mir als Schlachtruf eingefallen ist. Fast wie »Hummel, Hummel – Mors, Mors«, nur besser: »Hummus, Hummus – Tor, Tor!«

Danke, tack så mycket und shukran
an Seher Dincer – Teamleitung fördern und wohnen in Hamburg –
und an Katharina Schliephake.

Hasselbusch, Birgit
Hallo, hej und marhaba
Freundschaftsspiel mit Doppelpass
ISBN 978 3 522 50711 0

Gesamtausstattung: Alexandra Helm
Innentypografie und Satz: Typosalon, Hamburg
Reproduktion: DIGIZWO GbR, Stuttgart
Druck und Bindung: GGP Media GmbH, Pößneck

FSC
www.fsc.org
MIX
Papier aus verantwortungsvollen Quellen
FSC® C014496

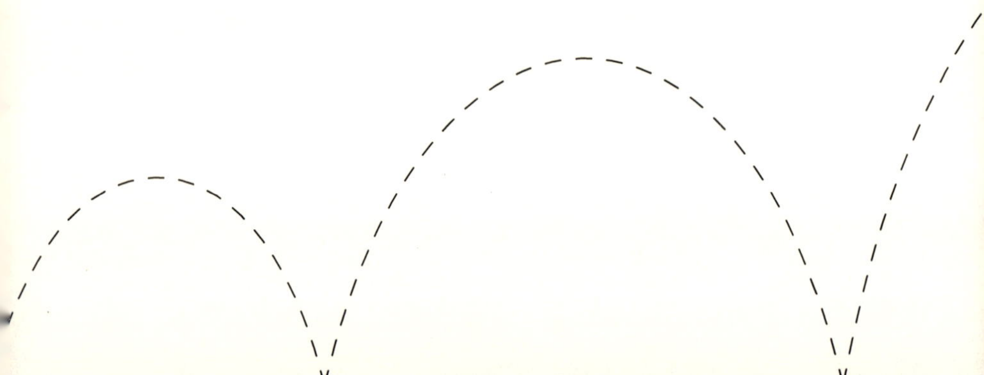